Herausgeber:
David Salariya ist in Dundee, Schottland, geboren. Dort studierte er Illustration und Grafik mit Schwerpunkt Buchgestaltung. Später absolvierte er ein Aufbaustudium für Kunstgeschichte an der Sussex University. In der Vergangenheit hat er bereits eine Reihe von Büchern über botanische, historische und mythologische Themen illustriert und viele Kinderbuchreihen für Verlage in Großbritannien und Übersee entworfen und realisiert. 1989 hat er einen eigenen Verlag gegründet und lebt heute mit seiner Frau, der Illustratorin Shirley Willis, in Brighton.

Autor:
Eryl Davies ist Kurator am Science Museum in London. Er hat bereits eine Reihe von Aufsätzen und Büchern über die verschiedensten Sachgebiete – von Unterwassertechnologie bis hin zu Kommunikationstechnik – geschrieben. Für die englische Fernsehserie „The Secret Lives of Machines“ war er als Drehbuchberater tätig. Zu seinen Hobbys gehören Tiefseetauchen und Musik.

Erstausgabe 1992 erschienen bei
Franklin Watts, London

Druck: Proost International Book Production, Belgien.

ISBN 3-7886-0604-5

Herausgeber: David Salariya

Illustratoren: Mark Bergin
Nick Hewetson
John James
Wendy Meadway
Hans Wiborg-Jenssen
Gerald Wood

Übersetzung aus dem Englischen: Edith Nerke

Illustrationen:
Mark Bergin, S. 8–9, S. 22–23, S. 30–31, S. 32–33, S. 36–37, S. 38–39, S. 40–41, S. 42–43; **Nick Hewetson,** S. 4–5; **John James,** S. 10–11, S. 12–13, S. 18–19; **Wendy Meadway,** S. 20–21, S. 34–35; **Hans Wiborg-Jenssen,** S. 28–29; **Gerald Wood,** S. 6–7, S. 14–15, S. 16–17, S. 24–25, S. 26–27.

ZEITREISEN

TRANSPORT & VERKEHR

VOM OCHSENKARREN ZUM SOLARMOBIL

Von ERYL DAVIES

Herausgegeben von
DAVID SALARIYA

Tessloff

Inhalt

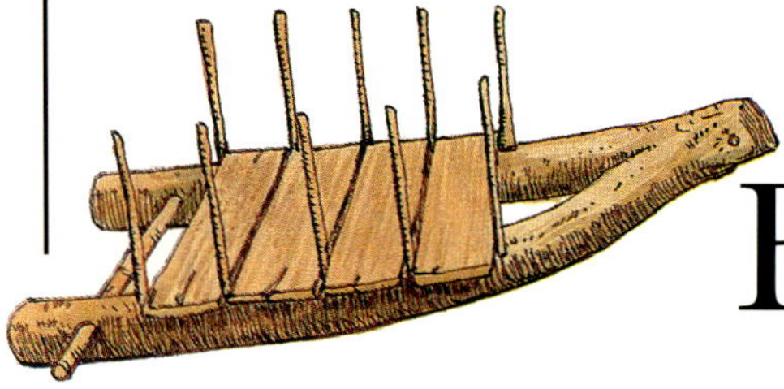

Die ersten Fahrzeuge

Schon bevor das Rad erfunden wurde, gab es Fahrzeuge. Für den Transport von Gegenständen, die zu schwer zum Tragen waren, wurden oft aus Ästen zusammengesetzte Schlitten *(links)* benutzt. Große Steinblöcke, die zum Verbauen vorgesehen waren, ließen sich leichter rollen als ziehen. Die Einführung der Töpferscheibe führte schließlich zur Entwicklung von Rädern für den Transport. Mittlerweile sind die Archäologen sicher, daß Räder zum ersten Mal in Sumer (dem heutigen Irak) etwa 3500 v. Chr. benutzt wurden. Die Sumerer waren so fortschrittlich und machten so viele Entdeckungen und Erfindungen, daß dieses Gebiet die „Wiege der Zivilisation" genannt wird. Auf frühen sumerischen Kunstgegenständen sieht man mit Rädern ausgerüstete Schlitten und verschiedene Arten von Wagen und Karren. Mit diesen Gefährten wurden Soldaten zur Schlacht gebracht und der tägliche Transport von Gütern erledigt.

△ Modell eines geschlossenen Wagens um 3000 v. Chr., der in Tepe Gawra, Assyrien (Nordirak), gefunden wurde.

▽ Zwei sumerische Räder: eine dreiteilige Holzscheibe mit Bolzen *(links)* und eine mit einem Kupferreifen *(rechts)*.

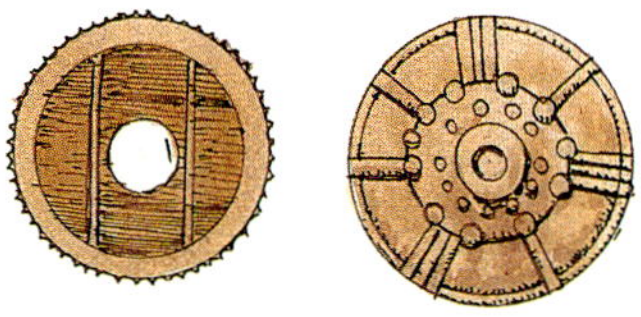

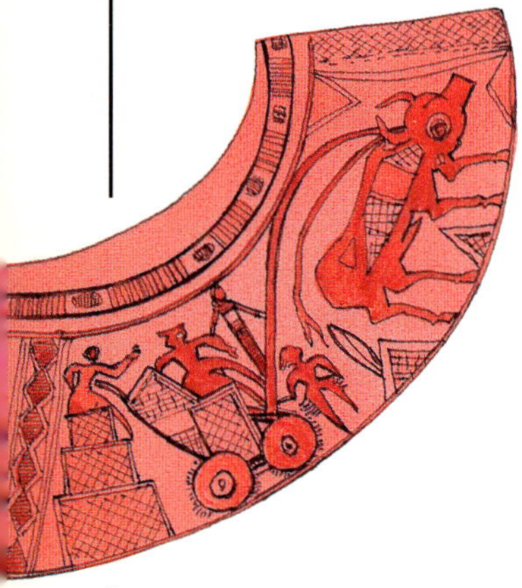

◁ Fahrzeuge sind auf alten Gebrauchsgegenständen zu sehen, wie auf dieser sumerischen Vase von vor 2500 v. Chr.

△ Modell eines vierrädrigen Karrens aus einem kretischen Grab, um 2000 v. Chr.

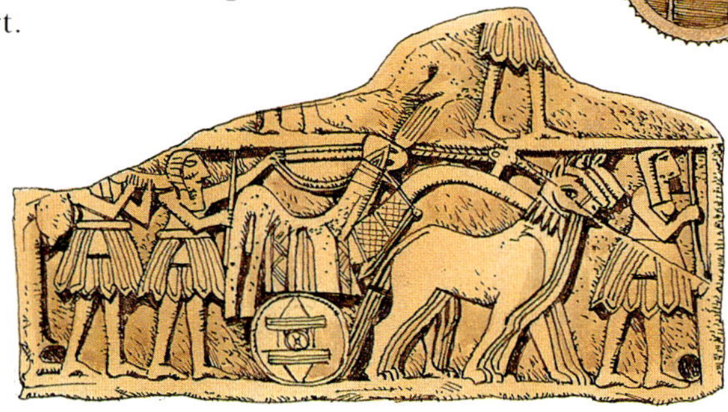

△ Wagen mit zwei Rädern auf einer Kalksteinschnitzerei aus Ur, Mesopotamien, 2500 v. Chr.

▽ Bei den ersten Rad-Achsen-Konstruktionen waren Räder und Achse noch starr miteinander verbunden: Die Achse war mit Lederriemen unter dem Fahrzeug befestigt.

▷ Wagner, der ein Holzrad herstellt; hier wird gerade ein Stück Felge eingesetzt.

△ Sumerische Streitwagen auf einem Mosaik. Diese vierrädrigen Holzgefährte wurden von Onagern (Halbeseln) gezogen. Sie dienten nur zum Transport von Soldaten, nicht zum Kampf selbst.

△ In Ägypten fand man ganze Streitwagen, die zusammen mit ihren Besitzern in den Gräbern beerdigt worden waren. Dies sind Verzierungen des Streitwagens von Thutmosis IV., 1420 v. Chr.

In Ägypten gab es bis etwa 1600 v. Chr. weder Pferde noch Streitwagen, bis das Land von den Hyksos, einem benachbarten Stamm im Nahen Osten, überfallen wurde. Danach begannen die Ägypter, die Fahrzeuge ihrer Feinde nachzubauen. Nach 1300 v. Chr. besiegten die Hethiter die Ägypter mit Angriffen von Streitwagen aus. Dann ersannen die Ägypter Methoden, wie man die Streitwagen leichter und stabiler machen konnte. Diese alten Kriegsmaschinen hatten damals den gleichen Stellenwert wie bei heutigen Armeen die Panzer.

△ Grabgemälde in Theben, 1475 v. Chr. Die Räder der Ägypter waren sehr stabil und hatten vier oder sechs Speichen. Die Reifen bestanden aus einem einzigen Stück Holz, das über heißem Wasserdampf rundgebogen wurde.

◁ Pharao Ramses II. in seinem Streitwagen im Kampf gegen die Hethiter bei Kadesch, 1286 v. Chr. Die Streitwagen der Ägypter waren sehr leicht, schnell und wendig.

△ Mit den Streitwagen, in denen sich jeweils ein Lenker und ein Bogenschütze befanden, wurde die feindliche Frontreihe attackiert, bevor die Fußtruppen den Hauptangriff starteten.

Um 1000 v. Chr. gab es in Griechenland schon Streitwagen. In einem kretischen Grab wurde ein Modell eines solchen vierrädrigen Fahrzeugs aus dem Jahr 2000 v. Chr. entdeckt. Auf ebenen Schlachtfeldern kamen sie gut voran, ansonsten aber nur mit Mühe, da es keine Straßen und Brücken gab. Normalerweise mußten die Fahrzeuge entladen oder zerlegt werden, wenn unwegsames Gelände zu bewältigen oder Flüsse zu überqueren waren.

▽ Griechischer Krieger, der sich verabschiedet, um mit dem Streitwagen in die Schlacht zu ziehen. In Griechenland waren die Streitwagen auch in Friedenszeiten sehr wichtig, und zwar für den Sport. Wagenrennen waren bei den Spielen von Olympia und Delphi sehr beliebt.

▷ Griechische Lekythos (Vase) von 540 v. Chr., mit einem Hochzeitswagen. Hier hat das Rad keine zur Nabe radial angeordneten Speichen wie das des Streitwagens *links oben.*

△ Römische Krieger waren geschulte Reiter, die sogar bei hoher Geschwindigkeit auf dem Rücken eines Pferdes stehen konnten.

Die Straßen der Römer

△ Frühes Hufeisen zum Schutz der Hufe auf den gepflasterten Straßen.

Die Römer gehörten zu den ersten, die ein Straßenverkehrssystem entwickelten. Sie begründeten nicht nur das erste große Weltreich, sondern waren auch technisch sehr begabt. Besonders beim Bau von Straßen und Brücken und bei der allgemeinen Verwaltung ihres Wegenetzes waren sie sehr fortschrittlich. Als sich der römische Einfluß über die Alpen, nach Spanien, Britannien und in den Osten ausweitete, waren Wege für den Handel, für den Truppentransport und zur Überwachung entfernter Herrschaftsgebiete unerläßlich. Die erste – und zugleich bekannteste – römische Straße war die Via Appia, die 312 v. Chr. gebaut wurde. Sie war 11 Meter breit und verlief von Rom südlich nach Capua, eine Strecke von 260 Kilometern. Waren vom Land strömten so nach Rom, im Austausch gegen Dinge, die in der Stadt hergestellt wurden, und gegen exotische Güter aus dem Ausland. Rasch wurden weitere Straßen gebaut, und zur Zeit Kaiser Hadrians (117–138 n. Chr.) erstreckten sich gut befahrbare Straßen von Nordeuropa bis in den Nahen Osten. Der Verkehr hatte eine durchschnittliche Geschwindigkeit von 8 km/h, und etwa alle 60 Kilometer gab es Rasthäuser.

△ Die Römer waren hervorragende Landvermesser und erstellten Straßenkarten; *(oben)* Meilenstein aus der Zeit des Kaisers Hadrian.

Das römische Straßennetz wurde nur solange in Schuß gehalten, wie es benötigt wurde. Im Jahre 476 n. Chr. zerfiel das Römische Reich. Die Straßen wurden vernachlässigt und verfielen schließlich.

Die Römer benutzten viele verschiedene Fahrzeuge. Leichte Güter wurden von Packpferden oder Maultieren transportiert, schwerere Gegenstände in Holzkarren, die von Ochsen oder Mauleseln gezogen wurden. Die armen Leute konnten in großen, vierrädrigen Kutschen von einer Stadt zur anderen reisen, während die Reichen den Komfort eines zweirädrigen *carpentum* genossen. Kürzere Strecken wurden in einem *cisium* zurückgelegt, einem leichten, offenen Wagen für einen oder zwei Passagiere, der von einem Sklaven gezogen wurde. Die Römer waren die ersten, die unter Verkehrsstaus zu leiden hatten. So viele Menschen benutzten die Straßen, daß Gesetze erlassen wurden, um den Soldaten und Staatsdienern Vorrang zu gewähren. In viele Städte wurden tagsüber gar keine Wagen hineingelassen. Diese Regelung konnte man jedoch umgehen, indem man sich von Sklaven in einer Sänfte tragen ließ.

△ Vermesser, die die Trasse festlegen. Hierzu wurde ein Instrument verwendet, das *groma* hieß.

△ Römischer Straßenbau: Entlang der Trasse wird ein Graben ausgehoben und mit einem Fundament aus Steinblöcken auf Sand ausgelegt. Darüber kommen Schichten von Kalk, Sand und Steinbrocken oder Schotter.

Die Straßenoberfläche besteht schließlich aus flachen Steinen oder Kies. Sie ist gewölbt und hat zu beiden Seiten Rinnsteine, damit nach schweren Regenfällen die Wassermassen ablaufen können.

China im Altertum

△ Ein Wagen mit Deichsel.

Wie wir heute wissen, waren schon lange vor den Römern die Chinesen große Straßenbauer. Chinesische Seidenhändler reisten in den Nahen Osten und brachten von dort um 1500 v. Chr. die Kunde vom Rad mit nach Hause zurück. In der Chou- und der Tsin-Dynastie (1120–221 und 221–207 v. Chr.) entstand in China ein Straßen- und Kanalnetz. Die chinesischen Straßen waren in einiger Hinsicht ausgeklügelter als die der Römer: Sie reichten von einfachen Wegen bis hin zu Schnellstraßen mit besonderen Spuren für wichtigen Verkehr. Gesetze sorgten für Geschwindigkeitsbegrenzungen, regelten die Vorfahrt an Kreuzungen und legten Gewicht und Konstruktionsweise der Fahrzeuge fest.

▽ Chinesischer Bronzewagen, der 1980 gefunden wurde.

▽ Die Chinesen bauten ihre Räder mit vielen dünnen Speichen. Sie waren außerdem gestürzt und somit widerstandsfähiger gegen seitlich auftretende Zugkräfte.

Um 300 n. Chr. ließen die Chinesen ihre Straßen verfallen. Einige alte Strecken sind noch erhalten geblieben, und seit 1974 werden immer wieder überraschende Details von Wagen und Karren aus den Gräbern der Herrscher der Tsin-Dynastie ausgegraben.

▷ Das Grab von Kaiser Shi Huang-ti (256–209 v. Chr.) am Berg Li in Nordchina enthielt Tausende von lebensgroßen, bemalten Terrakotta-Statuen von Kriegern und Pferden mit Streitwagen. Das Grab wurde in den 70er Jahren entdeckt.

◁ Im Boden um das Grab wurden Spuren von Holzwagen entdeckt, die zu dieser Rekonstruktion führten.

Die Wikinger

△ Auf dem Wandteppich aus Oseberg ist ein Strick zu sehen, der die Achse des Wagens mit dem Pferdegeschirr verbindet.

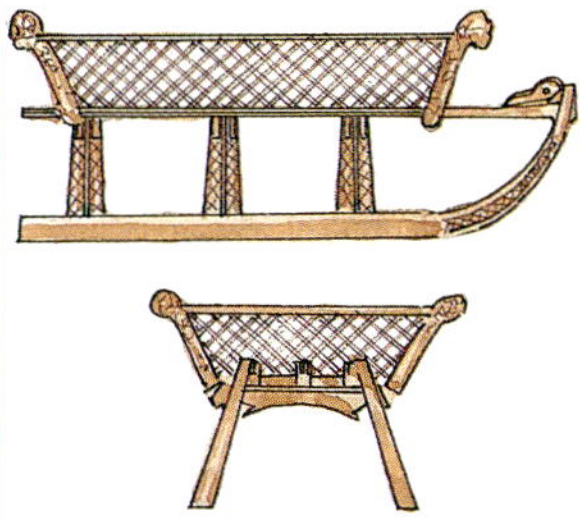

△ Mit Schlitten konnte man gut über Gras oder Schlamm fahren, am besten jedoch über Schnee und Eis.

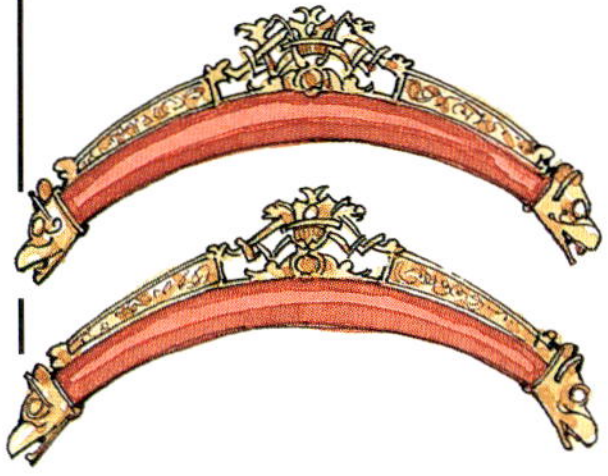

△ Verzierte Kammdeckel zum Anschirren zweier Pferde.

Nach dem Zerfall des Römischen Reiches kam es in Europa zu einem Stillstand im Verkehrswesen. Kleine Staaten bekämpften sich gegenseitig, die Straßen wurden vernachlässigt und wucherten langsam zu. Der Transport auf Rädern kam nahezu ganz zum Erliegen. Die gefürchtetsten und abenteuerlustigsten „Reisenden" waren die Wikinger, die in ihren wendigen Langschiffen schnelle Angriffe auf die Küsten starteten. Ihre Eroberungen reichten von Irland bis Rußland und südlich bis nach Italien. Daheim in Skandinavien bewegte man sich am besten mit dem Schlitten fort. Große Teile des Landes waren unpassierbar, zugefrorene Seen bildeten daher die schnellsten Straßen. Die Experten waren lange der Ansicht, daß die Wikinger wahrscheinlich keine Räder benutzt hatten. Doch Ausgrabungen im norwegischen Oseberg, einer königlichen Grabstätte, brachten einen von Pferden gezogenen Wagen zutage.

△ In Oseberg war um 850 n. Chr. ein komplettes Wikingerschiff mit Inhalt, darunter ein Wagen, begraben worden. Das Grab wurde mit einer Tonschicht versiegelt, wodurch das Holz erhalten blieb, bis es 1903 entdeckt wurde. Der Wagen mit seinem abnehmbaren Aufbau war mit Schnitzereien verziert. Der Aufbau wurde von Seilen gehalten, die um den Verzierungskopf der Fahrgestellpfosten geschlungen wurden.

◁ Der erste Schiffscontainer? Der Aufbau des Wagens aus Oseberg, eine wasserdichte Wanne, konnte vom Fahrgestell gehoben und in ein Boot verladen werden.

Europa im Mittelalter

△ Weinkarren auf dem Weg zu einem normannischen Schiff, in dem er den Ärmelkanal überqueren wird.

Im 11. Jahrhundert spielte die Verbesserung der Fahrzeuge und der Nutzung von Zugtieren eine wichtige Rolle bei der Entwicklung des Handels in ganz Europa. Gepolsterte Kumte (mit denen die Pferde schwerere Lasten ziehen konnten), Hufeisen und Steigbügel kamen zwischen 800 und 900 n. Chr. in Europa in Gebrauch. Es folgten Räder mit Eisenreifen, und vierrädrige Fahrzeuge erhielten drehbare Vorderachsen, so daß sie engere Kurven fahren konnten. Im 15. Jahrhundert wurde das Reisen für Passagiere bequemer, da der Wagenkasten nun mit Lederriemen an der Achse aufgehängt wurde.

△ Kutsche aus dem 14. Jahrhundert, bei der der Aufbau am Chassis aufgehängt ist. Solche Kutschen mit hängendem Aufbau wurden wahrscheinlich zuerst in Holland gebaut.

△ Die Muschel dieses Pilgers zeigte an, daß er in Santiago de Compostela, einem berühmten Wallfahrtsort in Spanien, war.

▽ Ein riesiges Weinfaß ist für vier Männer eine schwere Last; ein Pferd kann soviel wie 10 Männer ziehen.

△ Eine alte Handschrift aus dem Jahr 1317 über St. Denis in Paris ermöglichte es nachzuvollziehen, wie viel Verkehr an einem geschäftigen Tag über die Brücken der Seine zog.

▽ Fußgänger und Reiter maßen ihre zurückgelegten Entfernungen mit Pedometern.

Die alten römischen Straßen wurden immer noch benutzt, doch waren aufgrund jahrhundertelanger Vernachlässigung nur noch verwachsene Pfade davon übriggeblieben. Beschädigte Räder und umgefallene Wagen waren keine Seltenheit. In einigen Städten wurde die Instandhaltung der Straßen durch Zölle finanziert, deren Höhe sich nach der Fahrzeuggröße richtete. Auf dem Land kümmerten sich die jeweiligen Herrscher um die Wege: Solange es keinen besonderen Grund für Ausbesserungsarbeiten gab (zum Beispiel ein Besuch des Königs), wurde nichts gemacht.

◁ Die Wissenschaft der Entfernungsbemessung wurde im späten Mittelalter sehr stark weiterentwickelt. Die Römer hatten Bänder benutzt oder die Schritte eines marschierenden Soldaten als Anhaltspunkt genommen. Im 16. Jahrhundert wurden mechanische Zähler eingeführt: Pedometer für Menschen oder Pferde, Hodometer für Fahrzeuge.

△ Entfernungsmesser (Hodometer), von Leonardo da Vinci (1452–1519) erfunden.

△ Eine sehr frühe Pferdedroschke aus dem 16. Jahrhundert.

▽ Die erste Kutsche von Königin Elisabeth I. (1533–1603) aus dem Jahre 1565 war in Holland hergestellt worden.

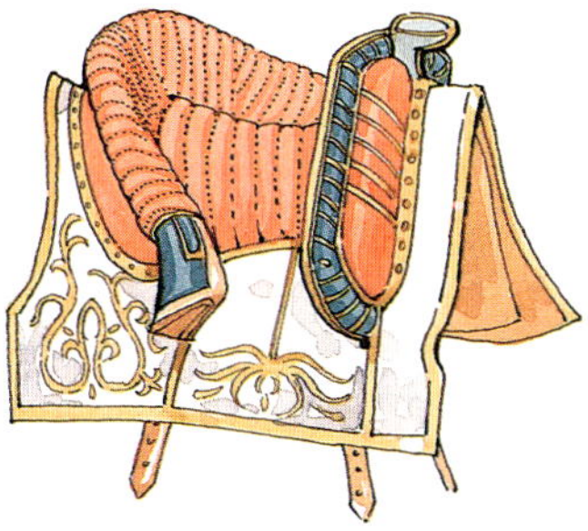

△ Sattel aus Hirschleder. Die Herstellung von Sätteln und Geschirren wurde ein wichtiger Handwerksberuf, als Pferde immer mehr genutzt wurden.

Trotz dieses etwas düsteren Bildes vom Verkehr auf den Straßen machten sich viele Menschen auf lange Reisen. Etliche waren Pilger, die bis nach Jerusalem im Heiligen Land reisten. Die Reisegeschwindigkeit war sehr niedrig – selbst ein berittener Bote der englischen Krone brauchte eine Woche für die 640 Kilometer von Edinburgh nach London. Gasthäuser waren sehr wichtig für Übernachtungspausen und Pferdewechsel. Im 15. Jahrhundert kamen Packwagen in Gebrauch; sie transportierten einfache Leute und Güter.

△ Die Königin ritt lieber selbst auf dem Pferd, als daß sie in ihrer Kutsche fuhr.

△ Eine der ersten Feuerspritzen: ein einfacher Wassertank auf Rädern. Vier Männer mußten das Wasser herauspumpen.

▽ Packwagen wie diese wurden erstmals im 15. Jahrhundert benutzt. Sechs oder mehr Pferde zogen sie im Schrittempo.

Die Packwagen waren sehr unbequem: Sie hatten keine Federung, und oft wurden bis zu 40 Personen hineingezwängt.

Last- und Zugtiere

△ Indische Elefanten bei einer großen Feier: der Herrscher von Delhi mit seinen indischen und britischen Amtsträgern 1813.

Wahrscheinlich wurden Hunde, die ersten gezähmten Tiere, auch als erste als Zugtiere genutzt. Frühe eurasische Nomaden jagten mit ihren Schlittenhunden Rentiere (wegen des Fleisches und wegen der Felle), bis sie darauf kamen, daß Rentiere genauso gut ihre Schlitten ziehen konnten. Doch für die schweren Reisen durch die Schneewüsten wurden Hunde bevorzugt, denn sie schlingen ihr Futter in wenigen Minuten hinunter und sind sofort wieder einsetzbar, während Pflanzenfresser viel länger brauchen, um ihr Futter gut durchzukauen und zu verdauen. In England wurde die Verwendung von Hunden zum Wagenziehen im Jahre 1837 verboten.

▽ Die Indianer lernten Pferde erst kennen, als spanische Siedler sie 1598 nach Santa Fe, New Mexico, mitbrachten.

◁ Elefanten im Krieg: Obwohl sie leicht durchgingen, wurden sie oft vom Menschen zu militärischen Zwecken mißbraucht. Sie wurden mit einem Panzer umkleidet, und Schwerter wurden an ihren abgesägten Stoßzähnen befestigt.

▽ Ochsenkarren sind in Südostasien noch heute in Gebrauch. Hier wird ein Festwagen gezogen.

▽ Ein asiatisches Reit- und Zugtier: ein Trampeltier mit einer etwas bescheideneren Last.

▽ In der Arktis haben Flugzeuge, Luftkissenfahrzeuge und andere mechanisierte Fahrzeuge die Hundeschlitten noch nicht ganz verdrängt.

▷ Dieses Hundegeschirr ist recht unkompliziert: ein Netz aus zu Schlaufen geknüpfter Schnüre, durch die die Köpfe der Tiere gesteckt werden. Der Hund zieht die Last mit dem Vorderkörper.

Maultiere, Esel, Pferde und Rentiere wurden schon lange zum Tragen von Lasten eingesetzt, ehe sie auch als Zugtiere genutzt wurden. Auf Pferden und Rentieren wurde auch geritten. Das komplizierte Geschirr, verschiedene Sattelarten und Trainingsmethoden, die für den Reitsport und für den Transport mit Pferden entwickelt wurden, lassen sich alle von diesem frühen Gebrauch der Tiere ableiten.

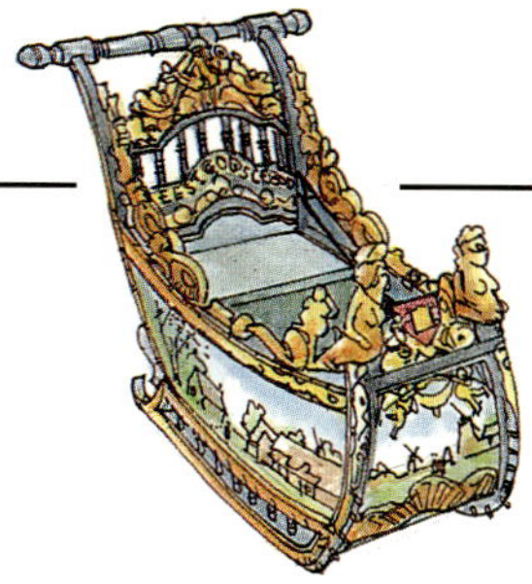

△ Schlitten: in Paris noch bis ins 19. Jahrhundert im Gebrauch.

△ Dromedare ziehen eine Kutsche in Ägypten.

Rinder sind schon immer als Zugtiere genutzt worden. Geduldige, aber langsame Ochsen wurden schon von den Sumerern eingesetzt, und werden es heute noch in einigen Teilen der Erde. In heißen, trockenen Gebieten sind Kamele nach wie vor als Trag-, Zug- und Reittiere von Bedeutung. Mit ihren federnden, zweizehigen Füßen können sie auf Sand und Felsen gleichermaßen sicher gehen. Sie können über 300 Kilogramm tragen und halten es lange ohne Wasser und Nahrung aus. Der Einsatz von Elefanten zu Kriegs- und zeremoniellen Zwecken hat eine lange Geschichte. Sie brauchen allerdings bis zu 225 Liter Wasser am Tag.

▽ Als die britische Armee 1858 in Nordwestindien eine Eisenbahn bauen wollte, entwarfen französische Ingenieure einen Zug, dessen Einzelteile so leicht waren, daß sie von Elefanten (dem einzigen Transportmittel) getragen werden konnten.

KUTSCHEN

◁ Französische Leichenkutsche, Anfang 17. Jahrhundert. König Charles II. (1630–1685) von England forderte, daß die Kutschen in seinem Land auf den europäischen Standard gebracht wurden.
▽ Alte Packwagen, die mit 5 km/h fuhren, waren den neuen, schnelleren Postkutschen oft im Weg.

Bis 1700 waren die schönsten Kutschen auf dem europäischen Kontinent gebaut worden; doch mit der rapiden Entwicklung von Technik und Handwerk in Großbritannien übernahmen die englischen Kutschenbauer die Führungsrolle. In Großbritannien gab es bessere Werkzeuge zur Holzbearbeitung, und Eisen und andere Metalle wurden schon häufiger benutzt. Kurz vor 1700 wurden Flachglasfenster entwickelt, und 1787 erfand John Collinge eine Achse, in der sich das Öl einen Monat lang hielt. Bis dahin mußten die Achsen der Fahrzeuge täglich geschmiert werden. 1805 entwickelte Obadiah Elliot die Blattfeder, die bald weltweit verwendet wurde. Vorher waren Lederriemen (siehe Seite 12) und einfache, C-förmige Aufhänger der einzige Schutz gegen das Holpern gewesen. Die Industrielle Revolution, die diese Verbesserungen ermöglicht hatte, verursachte zusätzlichen Verkehr; während die Güter immer noch auf dem Wasser transportiert wurden, reisten die Menschen nun in der Kutsche.

▷ Postkutschen beförderten 6–8 Fahrgäste, deren Gepäck auf dem Dach verstaut wurde. Hinten saß eine Wache mit einem Posthorn und einer Schußwaffe, um Wegelagerer abzuwehren.

▽ Die damals hochmoderne *Brougham* war bis ins 20. Jahrhundert sehr beliebt. Dieser Kutschentyp wurde 1839 für einen Lord Brougham gebaut. Das tiefhinuntergezogene Chassis vereinfachte das Ein- und Aussteigen. Die Bauweise ähnelt der der ersten Automobile.

Für lange Reisen gab es die Postkutsche. Um eine gute Reisegeschwindigkeit zu erzielen, mußten die Pferde alle 17 Kilometer gewechselt werden: Dafür brauchte man viele Raststätten. 1784 erreichte die Kutsche von London nach Bath die Rekordreisegeschwindigkeit von 11 km/h. Bis zum Jahr 1840 waren in Großbritannien 35 000 Kilometer neue Straßen gebaut worden, mit 800 Mautstellen, an denen Gebühren von den Benutzern kassiert wurden. Die schottischen Ingenieure Thomas Telford (1757–1834) und John McAdam (1756–1836) entwickelten Techniken, um die Wege trocken und eben zu halten.

△ Der erste Londoner Omnibus, gebaut von George Shillibeer (1797–1866), wurde 1829 in Betrieb genommen. Später hatten die Busse zusätzliche Sitze auf dem Dach, für die die Fahrgäste nur den halben Preis zu zahlen brauchten, weil sie im Freien saßen. Bis Anfang des 20. Jahrhunderts wurden die Busse nur von Pferden gezogen.

▽ Pferdeknecht *(links)* und Kutscher im Livrée, Mitte 19. Jahrhundert.

◁ Ausflug im Stil des 18. Jahrhunderts: Die Sänfte hatte man von den Römern übernommen. Die feinen Leute, die sich auf diese Art in die Stadt begaben, brauchten nicht zu befürchten, sich die Kleider schmutzig zu machen oder mit dem „gemeinen Volk" in Berührung zu kommen. Sänften konnte man mieten, doch reiche Leute besaßen eine eigene.

△ Das Modell *Phaeton* erlangte Ende des 18. Jahrhunderts durch den Prinzen von Wales große Bekanntheit. Dieses Fahrzeug wurde meist vom Besitzer selbst gelenkt.

▽ Amerikanischer *Rockaway*, Mitte 19. Jahrhundert, mit Spritzschutz für den Kutscher. Hier sind die Blattfedern deutlich zu erkennen.

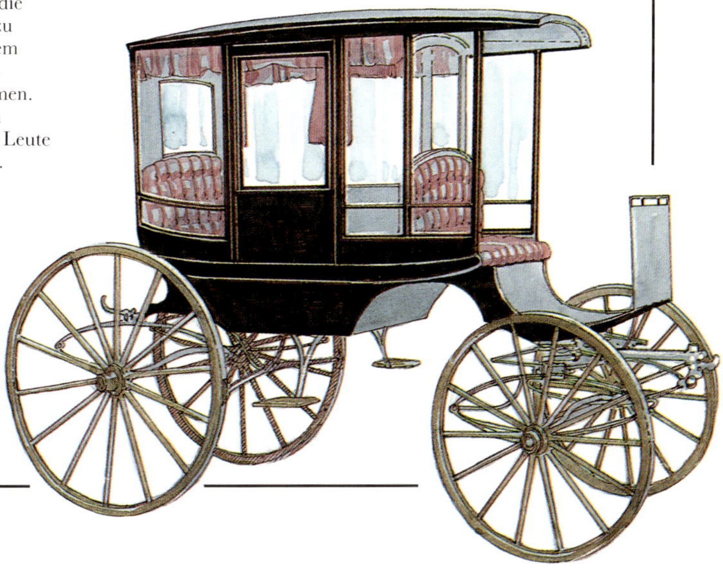

DAMPFKRAFT

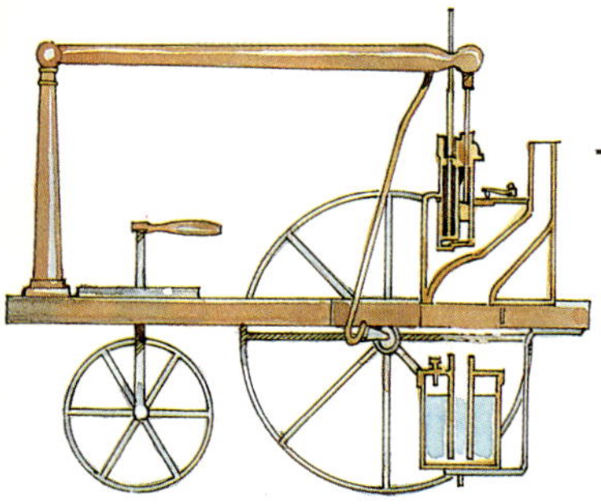

△ Dieses 50 Zentimeter lange Modell eines Dampfwagens (gebaut von William Murdoch) fuhr 1786 eine Strecke von 1,5 Kilometern.

△ *Puffing Billy*, 1813 von Christopher Blackett und William Hedley gebaut.

Die Kraft des Dampfes war schon den Griechen bekannt. Im Jahre 130 v. Chr. ließ Hero einen Modellmotor bauen, bei dem Dampfstrahlen eine Welle drehten. Gegen Ende des 18. Jahrhunderts bauten viele Ingenieure stationäre Dampfmaschinen, die stark genug waren, um Maschinen anzutreiben und in Fabriken, Gießereien und beim Bergbau eingesetzt zu werden. James Watt (1736–1819) baute um 1780 die ersten Dampfmaschinen, mit denen Fahrzeuge angetrieben werden konnten. Er zeigte, wie der sich auf- und abbewegende Kolben einer Dampfmaschine eine Welle oder ein Rad antreiben konnte.

▽ Die Lokomotive *Rocket*, gebaut von George Stephenson, gewann 1829 bei der Wettfahrt von Rainhill 500 £.

Im 16. Jahrhundert gab es in den Bergwerken hölzerne Schienen für die Loren. Im 18. Jahrhundert wurde das Holz durch Eisen ersetzt, und die Räder der Loren wurden mit Spurkränzen versehen, damit sie nicht von den Schienen rutschten. Im Jahre 1803 baute Richard Trevithick eine Dampfmaschine, die auf Schienen lief – die erste Dampflokomotive.

△ Joseph Cugnots Dampfwagen von 1770 wurde von der französischen Armee verwendet. Bei Cugnots Wagen lag der Dampfkessel vorn; doch die Angst vor Explosionen hielt die Menschen von Reisen mit diesen Fahrzeugen ab.

▽ Goldsworthy Gurneys Dampfkutsche fuhr 1831 zwischen Gloucester und Cheltenham. Den Betreibern von Kutschendiensten waren Gurneys Entwicklungen ein Dorn im Auge: Sie drängten ihn deshalb aus dem Geschäft.

△ Stephenson, der die *Rocket* gebaut hatte, verkaufte Dampflokomotiven ins Ausland und gab ihnen oft den Namen des Landes, für das sie bestimmt waren.

△ Der Pony-Expreß, ein Kurierdienst, war nur von 1860 bis 1861 in Betrieb. Elektrische Telegraphen drängten ihn aus dem Geschäft.

NORDAMERIKA

Nach 1830 trieben Arbeitslosigkeit und Armut viele Nordamerikaner in den Westen, wo sie ein neues Glück suchten. Die meisten, die sich auf den Treck nach Westen machten, waren ausschließlich von Last- und Zugtieren abhängig – bis 1869 die erste Eisenbahn ihren Betrieb von Küste zu Küste aufnahm.

△ Die Wells Fargo Company bot einen 25-Tage-Kurierdienst von St. Louis nach San Francisco; 1869 wurde dies von der Eisenbahn übernommen.

△ Viele Pioniere transportierten ihren Besitz mit Handkarren.

◁ Die schweren Planwagen waren nach dem Modell der Conestoga-Wagen aus Virginia und Maryland gebaut. Sie wurden von bis zu 10 Ochsen gezogen.

▷ Die Planwagen wogen mehr als eine Tonne und transportierten fast vier Tonnen. Eine geniale Konstruktion war der nach unten gewölbte Boden, auf dem die Güter nicht hin und her rutschten. Die Wagen hatten Bremsen und Gleitkufen für unwegsames Gelände.

Die Pioniere durchquerten unbekanntes Land, wo extreme Temperaturen der Fahrzeit Grenzen setzten. Die Reisenden bildeten Konvois von zwanzig oder mehr Planwagen, um sich vor Angriffen der Indianer zu schützen. Mitte des 19. Jahrhunderts war der Verkehr schon etwas weiter entwickelt: Man brauchte Güter für den täglichen Bedarf, und zwischen den einzelnen Siedlungen wurden schnelle Kurierdienste aufgebaut.

Das Eisenbahn-Zeitalter

Schienen aus Eisen hatten große Vorteile. Die Räder rollten so leicht darauf, daß die Zugpferde zehnmal schwerere Lasten als vorher bewegen konnten. Auch für die Passagiere war das Reisen auf Schienen angenehmer – auch wenn es immer noch sehr langsam ging. Als Dampflokomotiven an die Stelle der Pferde traten, konnten die Passagiere ohne häufige Pausen und mit für die damaligen Verhältnisse beängstigender Geschwindigkeit reisen. Kritiker wandten ein, daß die Dampflokomotiven Pflanzen und Tiere töteten, und daß die Passagiere bei solchen Geschwindigkeiten nicht mehr atmen konnten.

△ *Dewitt Clinton*, 1831 die dritte Dampflokomotive in den USA, fuhr mit 32 km/h von Albany nach Schenectady. Die Wagen hatten wie die Postkutschen außen Sitze auf dem Dach.

△ Durch Pferdekraft betriebene Tretlokomotive, 1831.

▽ Stephensons *North Star* von 1837, eine Breitspurlok.

△ Die *North Star* wurde für die Great Western Railway gebaut.

△ 1869 zogen Lokomotiven wie diese in den USA Züge von Küste zu Küste. Man beachte den funkenflughemmenden Schornstein (für die Fahrt durch Kiefernwälder und trockene Graslandschaften), den Kuhfänger vorn und die Warnglocke.

◁ Diese Medaille von 1843 wurde zur Eröffnung der Belgien-Rhein-Schienenverbindung geprägt.

1825 wurde zwischen Stockton und Darlington in England die erste öffentliche Eisenbahnlinie eröffnet. In den USA fuhren ab 1831 Dampfeisenbahnen. Europa und Nordamerika wurden von einem richtigen Eisenbahn-Fieber erfaßt. Doch anfangs waren Zusammenstöße und Explosionen keine Seltenheit.

△ Die *Vulcan* (nach dem Gott des Feuers benannt) fuhr 1849 auf der Strecke Shrewsbury – Birmingham.

◁ Die italienische *Vittorio Emanuele II* besaß als erste die Achsanordnung 2C.

Mitte des 19. Jahrhunderts gehörte die Eisenbahn zum Alltag. Nachdem Könige und Staatsoberhäupter den Bann gebrochen hatten, wurden Eisenbahnreisen auch für „ehrbare" Leute akzeptabel. Die Eisenbahngesellschaften stellten die besten Ingenieure an. Die Lokomotiven und das rollende Material wurden immer ausgeklügelter: Sie funktionierten gut und sahen auch gut aus. Bald gab es Schienennetze in den entlegensten Gebieten Asiens, Afrikas und Nord- und Südamerikas. Jedes Land entwickelte seine Eisenbahnen anders und paßte sie an seine spezifischen Klima- und Geländebedingungen an.

◁ Die amerikanischen Wagen waren für längere Reisen als die in Europa ausgestattet, und für extreme Temperaturen. Dieses Modell hat ein Oberlichtdach.

△ Schlußlicht mit Kronenverzierung, für die frühen königlichen Züge in England. Königin Victoria reiste 1842 zum ersten Mal mit dem Zug.

△ Norwegische Tenderlokomotive; um 1870.

◁ Lokomotive der Tasmanischen Staatsbahn, 1892. Sie fuhr, ebenso wie die norwegische Lokomotive *(oben)*, auf Schmalspur (hier 1,06 Meter Spurweite). Schmalspurbahnen sind billiger und brauchen weniger Platz. Außerdem können sie mit engeren Kurven trassiert werden. Sie werden für den Leichtverkehr verwendet.

FAHRRÄDER

Ende des 18. Jahrhunderts war in Paris das Laufrad sehr beliebt. 1818 konstruierten britische und deutsche Hersteller eine Lenkung, die die Fahrzeuge schneller und sicherer machte. Ein geübter Radfahrer war schneller als eine Kutsche. 1839 stellte der schottische Schmied Kirkpatrick MacMillan das erste richtige Fahrrad mit einem auf das Hinterrad wirkenden Pedalantrieb her. Um 1860 baute Pierre Michaux ein „Veloziped" ohne Gummireifen mit Pedalen, die direkt das Vorderrad antrieben. Das 1885 gebaute Sicherheits-Fahrrad von *Rover* hatte Pedale, die über eine Kette mit der Hinterradnabe verbunden waren, fast wie bei einem modernen Fahrrad. Die 1888 von John Boyd Dunlop erfundenen Luftreifen wurden bald generell verwendet, und um 1900 kamen Naben- und Kettenschaltungen auf den Markt. Damit war der Weg für die modernen Fahrräder geebnet.

△ Das englische *Pedestrian Curricle*, ein Laufrad mit Lenkung.

△ MacMillans Erfindung (1839) war noch nicht ausgereift; es war schwierig, die Pedale im Sitzen zu treten.

◁ Ausflug mit dem Tandem; das Sicherheits-Fahrrad ersetzte in England um 1805 das Hochrad. Um die Jahrhundertwende wurde Radfahren ein modischer Zeitvertreib.

△ Englisches Hochrad, um 1870. Nur große Leute konnten darauf fahren, die anderen behalfen sich mit Dreirädern.

▽ 1990 waren Mountainbikes die beliebtesten Fahrräder. Bei ihnen sind Rahmen, Reifen, Bremsen und Schaltung besonders für unwegsames Gelände ausgelegt.

◁ Moderne Rennräder, die stabil und zugleich sehr leicht sind, werden aus Metallen wie Titan hergestellt und haben Scheiben aus Kohlenstoff-Faser als Räder.

Die ersten Motorräder

Im Jahre 1869 montierten die Brüder Ernest und Henry Michaux eine kleine Dampfmaschine an eines ihrer Fahrräder *(links)*. Es konnte 16 Kilometer weit fahren – doch den Fahrern war nicht wohl dabei, daß sie über dem Dampfkessel sitzen mußten. 1885 probierten Wilhelm Maybach und Gottlieb Daimler zum ersten Mal ihren Benzinmotor auf einem hölzernen Fahrrad aus. Das Gefährt war schwierig zu handhaben, und man kam nicht viel schneller voran als bei einem zügigen Spaziergang. 1894 erreichte die deutsche Zweizylindermaschine *Hildebrand & Wolfmüller* eine Geschwindigkeit von 38 km/h – und fuhr somit schneller als die meisten Autos in jener Zeit. Zweizylinder-V-Motoren wurden erstmals 1905 gebaut; sie finden noch heute in *Harley-Davidson*-Motorrädern Verwendung. Der erste Zweizylinder-Boxermotor wurde 1907 gebaut. Der Vierzylinder-Motor der belgischen *FN* (1904) war der Vorgänger der modernen Mehrzylinder-Motoren, mit denen die japanischen Motorräder 60 Jahre später so großen Erfolg haben sollten.

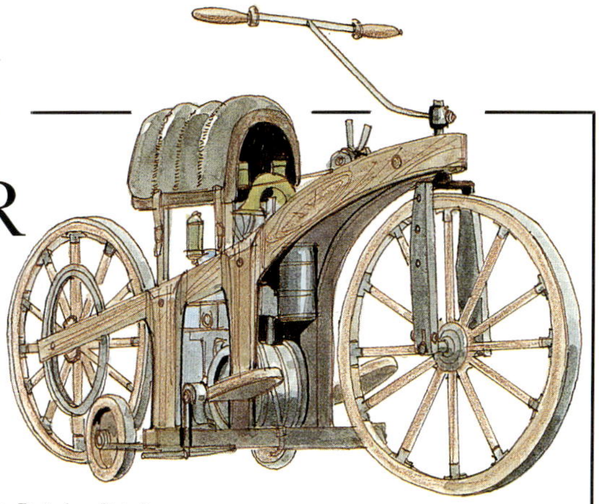

△ *Daimlers Petroleum-Wagen*, 1885.

△ Die Vierzylinder-*FN* (1904) erreichte 60 km/h.

1. *DKW* (Deutschland)
2. *Harley Davidson* (USA)
3. *Ner-a-Car* (USA)

1. 1921

3. 1921

2. 1916

Englische *AJS*-Rennmaschine, 1926.

△ Jimmy „Machine Buster" Simpson fuhr 1926 auf der Rennstrecke von Manx mit seiner *AJS* einen Rundenrekord von über 110 km/h.

▽ *Scott*-Motorräder waren für ihre Qualität und ihren ruhigen Lauf berühmt. Bei Rennen schnitten sie gut ab. Das bekannteste Modell war die *Squirrel*.

Scott

◁ *BMW R 51* von 1938. Der 500-ccm-Boxermotor mit zwei horizontal gegenüberliegenden Zylindern wird auch heute noch in modernen *BMW*-Maschinen verwendet.

△ Ricketts dreirädriger Dampfwagen (1858).

▽ *L'Obéissant* („der Gehorsame"), ein Dampfwagen (1873) von Amédée Bollée d. Ä.

Kraftwagen

Die ersten echten Kraftwagen mit Benzinmotor wurden 1886 gebaut. Carl Benz und Gottlieb Daimler hatten einen Verbrennungsmotor entwickelt, der so kompakt war, daß er auch für Straßenfahrzeuge verwendbar war. Das von Daimler gebaute Fahrzeug war ein „Pferdewagen ohne Pferde". Die Version von Benz war ein Dreirad, der erste Wagen, der nicht nach dem Vorbild einer Pferdekutsche konzipiert war. Der französische Fahrradhersteller Peugeot erwarb schließlich das Recht, Daimlers Motoren zu benutzen. Peugeots großer Erfolg inspirierte die Franzosen René Panhard und Emile Levassor zum Bau von Autos.

△ Der 1885 entwickelte dreirädrige Wagen von Carl Benz wurde 1886 in Mannheim öffentlich vorgeführt.

◁ Das Autofahren zog neue Kleidermoden nach sich: Diese Kleider sollten vor Regen und Ruß schützen.

Batterie- und dampfgetriebene Autos stellten reizvolle Alternativen zu den lauten, stinkenden Benzinwagen dar; ihre Motoren liefen leicht und geräuschlos, und die Wagen waren einfacher zu handhaben. Auf dem Weg zum allgemeinen Gebrauch hatte die Verbrennungsmaschine also eine Reihe von Rivalen.

△ Ein *Benz* von 1888; dies war der erste Motorwagen, den England importierte.

△ *Panhard et Levassor* von 1895; der Wagen fuhr bei hochgeklapptem Verdeck langsamer. Ehe die Firma in die Automobilproduktion einstieg, hatte sie Tischlerwerkzeuge hergestellt.

△ *Peugeot Phaeton*, 1894. Eine Peitsche zum Verjagen von Hunden wurde auf Wunsch mitgeliefert.

△ Elektrowagen von Pessey, 1897.

▽ Henry Ford (1863–1947, siehe Seite 29) baute seinen ersten Wagen 1896 in seiner Heimatstadt Detroit.

Herstellung und Nutzung der Kraftwagen entwickelten sich in den einzelnen Ländern sehr unterschiedlich. In Deutschland und Frankreich breitete sich die Automobilindustrie rasch aus. Besonders in Frankreich gab es schon früh Ausstellungen und Rennen. In England jedoch wurde das Auto buchstäblich gebremst, nämlich durch ein Gesetz aus dem Jahre 1878, das maschinengetriebene Fahrzeuge auf Schrittgeschwindigkeit beschränkte; man hielt sie für so gefährlich, daß sie von einem Mann geführt werden mußten, der Fußgänger und Reiter mit einer roten Fahne warnte. 1896 wurde dieses Gesetz geändert und die Geschwindigkeitsbegrenzung auf 19 km/h angehoben. Dies war der Startschuß für britische Firmen – zum größten Teil erfahrene Wagen- und Fahrradhersteller –, ebenfalls Autos zu bauen.

◁ Französischer Elektrowagen, *l'Eléphant*, eines der sechs elektrischen Fahrzeuge des Auto Club de France, die 1898 beim Rennen Paris–Amsterdam teilnahmen.

UNTERGRUND-BAHNEN

Die erste U-Bahn der Welt war 1863 die Metropolitan Railway in London. Sie sollte die Hauptbahnhöfe der Vororte Londons miteinander verbinden und die Fahrgäste in die Innenstadt befördern. Die Tunnel lagen nicht sehr tief; es waren mit Backsteinen ausgemauerte Gräben mit verstärkter Decke, die die Straßen und Gebäude trug. Es war schwierig, die Tunnels vom Rauch und Dampf der Lokomotiven frei zu halten.

△ Gleisverbindung bei der Paddington Station der Londoner Metropolitan Railway, 1863.

Die Schienen waren für Züge mit Spurweite 2,13 und 1,42 Meter ausgelegt.

△ Elektrolok und Wagen der City & South London Railway, 1890. Der Strom wurde von einer Stromschiene abgenommen, die zwischen den beiden Fahrschienen verlief. Die Wagen besaßen keine Fenster.

1890 waren elektrische Züge bereits Wirklichkeit geworden. Die erste elektrische Untergrundeisenbahn wurde in diesem Jahr eröffnet; sie verband London mit den Vororten südlich der Themse. Der Ingenieur J. H. Greathead hatte einen Vortriebsschild für den Tunnelbau entworfen; er schützte die Arbeiter davor, daß der weiche Londoner Lehm auf sie herabfiel. Mit dem Vorrücken des Schildes wurden röhrenförmige Gußeisensegmente in den Tunnel eingeführt – daher der englische Name der Londoner U-Bahn: The Tube („Die Röhre"). Europäische Großstädte, zunächst Budapest und dann 1900 Paris, übernahmen den Transport unter den Straßen sehr schnell. In New York wurde die Subway 1904 eröffnet.

△ Führerlose Züge im 10 Kilometer langen U-Bahn-Netz der Londoner Post.

△ Ein Wagen kann bis zu einer halben Tonne Briefe und Pakete befördern.

△ U-Bahn-Plakate wurden von einigen der besten Künstler ihrer Zeit gemalt. Dieses stammt von Alfred Leete (1927) und zeigt, wie die Fahrgäste von der Tube angesogen werden wie Staub von einem Staubsauger.

1. Zug der Pariser Metro
2. Zug der Berliner U-Bahn
3. Wagen der U-Bahn von San Francisco aus rostfreiem Edelstahl

Die Vorzüge der Untergrundbahnen liegen auf der Hand, auch wenn viele von den älteren inzwischen nicht mehr genug Beförderungskapazität bieten. In der Tokioter U-Bahn (eröffnet 1927) werden in den Stoßzeiten „Drücker" eingesetzt, die die Menschen in die Züge hineinschieben.

Viele U-Bahnen sind führerlos. Auf der Londoner Victoria-Linie überwacht und steuert ein Fahrdienstleiter das Ein- und Aussteigen der Fahrgäste sowie das Fahren und Halten der Züge von einem Kontrollraum aus. In der Washingtoner U-Bahn (eröffnet 1976) fahren die Züge rechnergesteuert.

▷ Schnitt durch die U-Bahn-Station Piccadilly Circus, 1928, mit dem Labyrinth von Verbindungswegen zwischen der Piccadilly- und der Bakerloo-Linie (31 beziehungsweise 26 Meter unter der Straße).

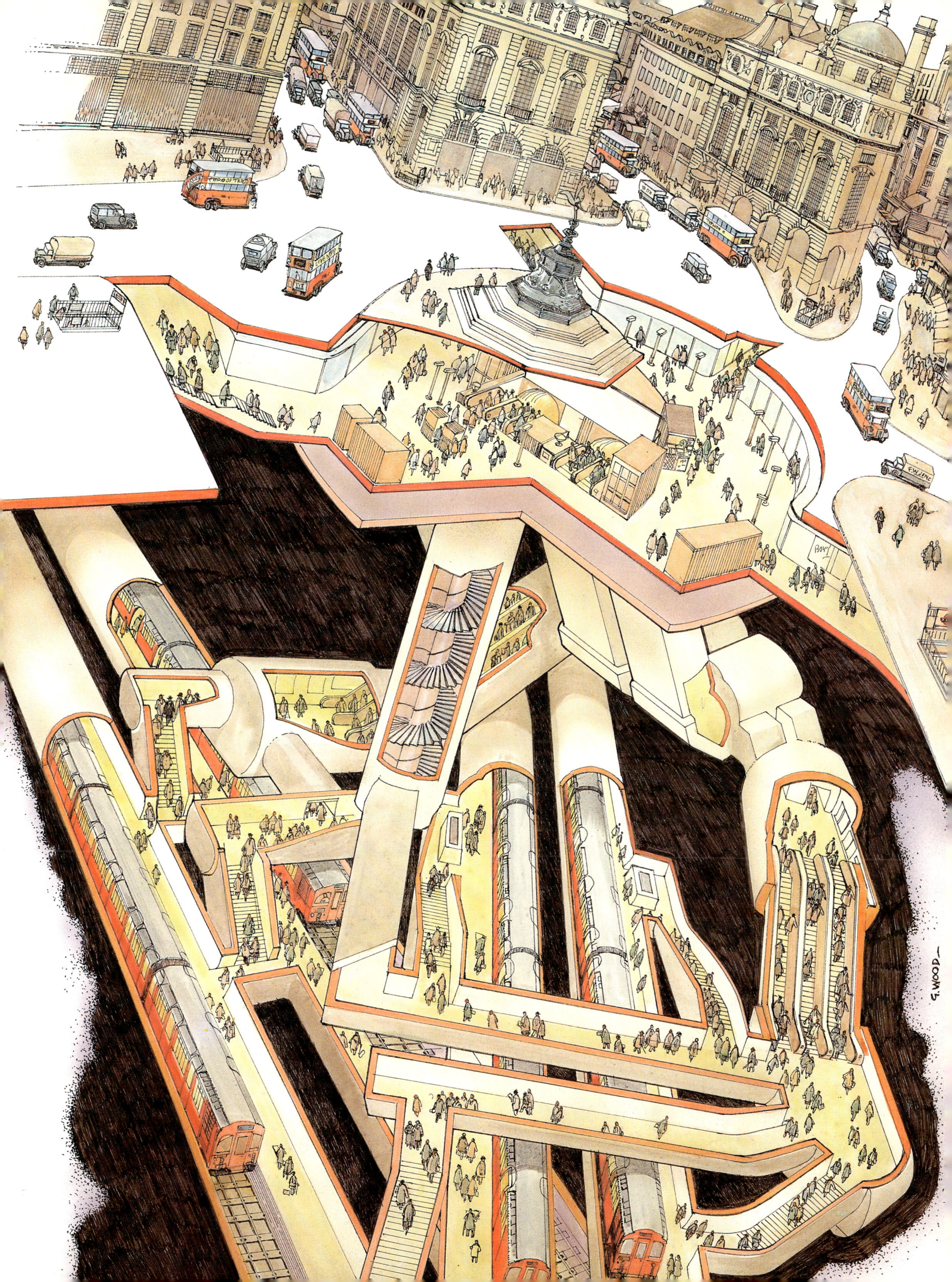
G.WOOD

Das Automobil

△ *Rolls Royce*, 1905. Der Ingenieur Royce und der Panhard-Händler Rolls bauten zusammen hochwertige und luxuriös ausgestattete Automobile.

Im Jahre 1900 war die Zukunft des Autos noch ungewiß. Dampf wurde noch immer als sinnvolle Alternative zum Benzin betrachtet, besonders in Amerika. Doch nachdem *Cadillac* 1912 elektrische Anlasser entwickelt hatte, wollte niemand mehrere Minuten abwarten, bis der Dampf hochkam. In Europa gab es hochwertige Wagen und bescheidenere Produkte. Am billigsten waren Kleinstwagen, die Ein- oder Zweizylinder-Motorrad-Motoren besaßen und bei denen die Räder über Treibriemen und Transmissionsscheiben angetrieben wurden.

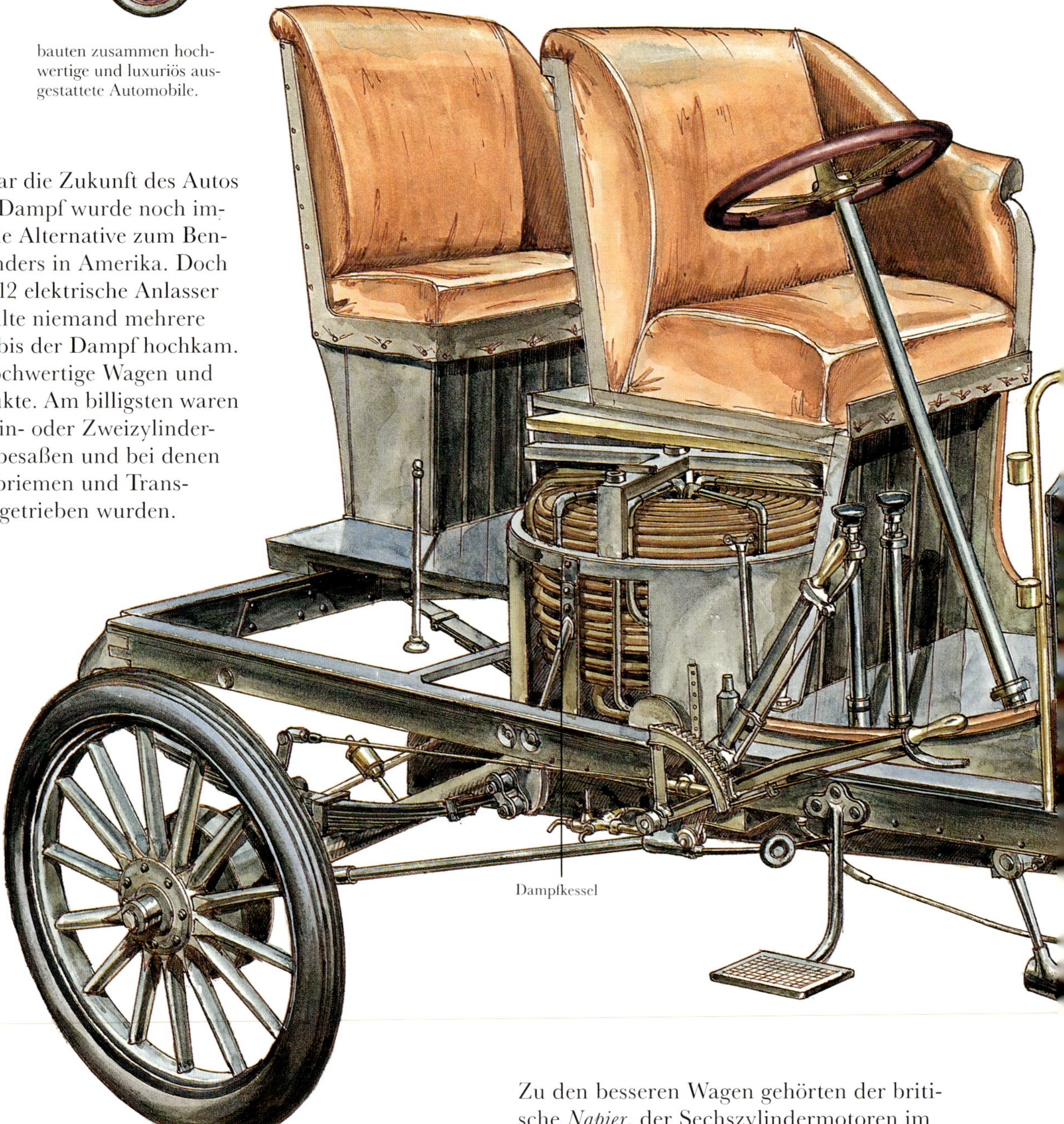

△ Autos wurden schneller (und zugiger), deshalb brauchte man wärmere Kleidung. Hier trägt Chevalier René de Knytt einen Mantel aus Ziegenfell.

◁ Der erste *Ford Model T (Tin Lizzie)*, gebaut 1908. Für seine Zeit war er hochentwickelt. Er erreichte 72 km/h und verbrauchte weniger als 10 Liter Benzin auf 100 Kilometer. Er kostete anfangs 850 $, doch der Preis sank bald, als die Massenproduktion eingeführt wurde.

Zu den besseren Wagen gehörten der britische *Napier*, der Sechszylindermotoren im großen Stil einführte, der *Rolls Royce*, und der *Mercedes*. So hießen nun die Autos von *Daimler*. 1900 hatte ein reicher französischer Händler 30 Autos bestellt und darauf bestanden, daß diese Wagen nach seiner Tochter benannt würden. Der *Mercedes* von 1900 setzte mit seinem Wabenkühler, dem Chassis aus Stahlblech und dem Schaltknüppel neue Maßstäbe. Doch wurde in Europa wenig dafür getan, der breiten Masse das Autofahren zu ermöglichen.

△ 1925 kostete ein *Model T* 250 $. Dies war die letzte Version von 1927.

Der Amerikaner Henry Ford, der 1896 sein erstes eigenes Kraftfahrzeug gebaut hatte (siehe Seite 25), verhalf dem Auto zum großen Durchbruch. 1911 brach er das Monopol der etablierten amerikanischen Fahrzeughersteller. Er gewann eine Patentklage und konnte nun seine eigenen Produkte billiger herstellen. 1908 führte er das berühmt gewordene *Model T* ein. Dieses Auto war der Inbegriff des Einfachen: Es konnte leicht zusammengebaut und repariert werden. Die Fließbandproduktion senkte die Kosten weiter. Das Automobil war auch einfach zu fahren; das Zweiganggetriebe konnte über ein einziges Pedal bedient werden. Als 1927 das letzte *Model T* vom Band lief, waren mehr als 15 Millionen Autos dieser Serie hergestellt worden.

▷ *Model T*, 1924. Mit der Pedalgangschaltung war dieses Auto so leicht zu fahren, daß einige Bundesstaaten in den USA besondere Führerscheine für *Model T*-Fahrer ausgaben.

▽ Der *White Steamer* aus dem Jahr 1903 hatte einen benzingefeuerten Dampfkessel unter dem Sitz. In einem Kühler kondensierte der Dampf aus dem Motor wieder, wodurch das Wasser länger reichte.

△ *Ford*-Fabrikate wurden ab 1911 in England und nach 1931 auch in Deutschland hergestellt.

▽ *Bentley*-Limousine, 6,5 Liter Hubraum, 1928. Der Eisenbahningenieur W. O. Bentley hielt Autos zunächst für unbrauchbar und unsozial. Doch dann konstruierte er Autos, die bei Rennen gut abschnitten (siehe Seite 33).

STRASSENBAHNEN

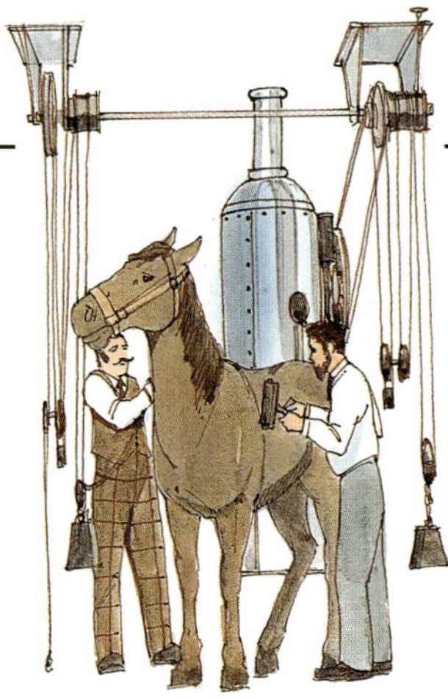

Die ersten Straßenbahnen fuhren in Harlem (1832) und New Orleans (1834). Aufgrund des geringen Rollwiderstandes von Eisenschienen konnten die Pferde mehr Fahrgäste befördern – im Trab. Dampfmaschinen und Pferde wurden später durch Elektromotoren ersetzt. Die Erfindung des Dynamos in der zweiten Hälfte des 19. Jahrhunderts brachte es mit sich, daß Strom über Drähte und Kabel in der ganzen Stadt verteilt werden konnte.

△ Dampfgetriebene Striegelmaschine. Die Pflege der Pferde war eine wichtige Aufgabe der Straßenbahnführer.

△ Diese Kabel-Straßenbahn, gebaut 1890, fuhr in Cincinnati; sie hatte keinen eigenen Motor, sondern wurde von einem stationären Antrieb gezogen.

▽ Nachdem sie sich den Berg hochgekämpft haben, genießen es die zwei Pferde, jetzt im Anhänger gefahren zu werden.

▷ Diese Glasgower Straßenbahn von 1903 war bis 1959 in Betrieb.

Der deutsche Ingenieur Werner von Siemens entwickelte 1881 ein sicheres Oberleitungssystem für die Energieversorgung von Straßenbahnen. Doch in den großen Städten wurden sie bald von den neuen U-Bahnen verdrängt. Auch die Autobusse bahnten sich ihren Weg nach vorn. Kostengünstigere Dieselmotoren (1892 von Rudolf Diesel erfunden) und Luftreifen machten sie in den 30er Jahren noch beliebter. Zwanzig Jahre später waren die Straßenbahnen aus vielen Städten ganz verschwunden.

▽ Die Londoner Doppeldecker von 1939 schalteten halbautomatisch.

▽ Busse wie dieser *Daimler* von 1948 wurden häufig auf dem Land eingesetzt.

▷ Gelenkzüge fahren in vielen europäischen Großstädten. Diese Straßenbahn fährt in Bremerhaven.

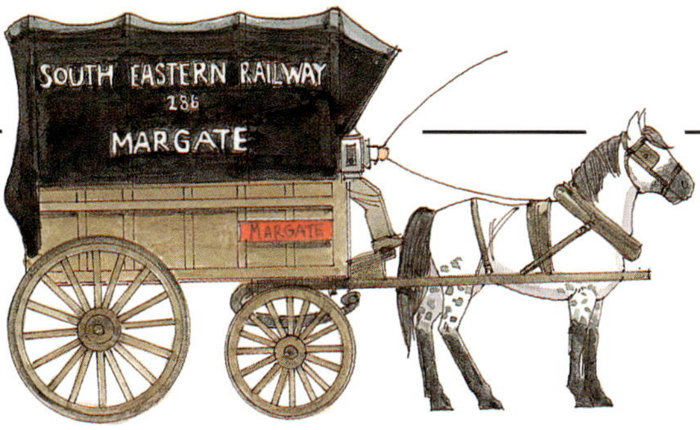

LIEFERVERKEHR

Die frühen Eisenbahnen konnten den besonderen Anforderungen des städtischen Gütertransports kaum genügen. Keine Schiene führte bis zur Türschwelle, ein Grund, warum die Eisenbahngesellschaften auch Lieferwagen und Lkws besaßen (– und auch heute noch besitzen). Gegen Ende des letzten Jahrhunderts wurde der Transport mit Pferden nach und nach durch den mit dampf- und benzingetriebenen Maschinen ersetzt. Die ersten benzingetriebenen Lieferwagen und Lkws waren sehr laut, verbrauchten viel Treibstoff und gingen oft kaputt. Doch Dampfmaschinen, die für Personenwagen zu schwer waren, ließen sich in größere Fahrzeuge problemlos einbauen. Ihre konstante Leistung und das einfache Anlassen waren genau das richtige für die Tür-zu-Tür-Lieferungen. In den 30er Jahren setzte die Verwendung von Dieselmotoren den anderen Antriebsarten für Lieferwagen, Lkws und Busse ein Ende.

△◁ Lieferwagen wie dieser wurden von der englischen Eisenbahn bis in die 30er Jahre verwendet.

△ Dieser Dampflieferwagen der britischen Post wurde 1901 nach Ceylon (heute Sri Lanka) verkauft.

▽ Ein *Opel Blitz* aus Deutschland. Dieser Dreitonner wurde erstmals in den 30er Jahren gebaut. Das gleiche Modell gab es auch als Armeelaster mit Allradantrieb und als Feuerwehrauto in den 50er Jahren.

△ Brauerei-Lieferwagen von 1923 mit einem 30-PS-Fahrwerk von *Daimler*. Eine Speiseeis-Firma baute einen Lieferwagen in der Form einer Eistüte, bei dem der Fahrer durch das „Eis" schaute.

▽ *International K*-Zugmaschine und -Sattelauflieger (USA). Fahrzeuge dieses Typs wurden von 1941 bis 1950 gebaut und konnten bis zu 8 Tonnen Güter transportieren.

▷△ *Morris Commercial*, 1925. Das Eintonnen-Chassis kostete 172 £. Der Kunde baute seine eigene Karosserie darauf.

△ George Boillot gewann den Grand Prix 1912 in einem *Peugeot.* Der 7,6-Liter-Motor drehte viel höher als frühere Modelle.

RENNWAGEN

Das erste Autorennen wurde 1895 in Frankreich gefahren. Ganz allein fuhr Émile Levassor von Paris nach Bordeaux und zurück, fast 1200 Kilometer in 48 Stunden. Er gewann schlichtweg dadurch, daß sein Wagen nicht liegenblieb. Ein *Peugeot* kam, fast sechs Stunden später, als Zweiter ins Ziel. Ein richtiggehendes Renn-Fieber breitete sich in Frankreich und Europa aus. Die Wettkämpfe fanden auf öffentlichen Straßen statt, und oft wurden Zuschauer dabei verletzt. Große Motoren mit oft mehr als 10 Liter Hubraum wurden eingesetzt. Um die Wettrennen etwas fairer zu gestalten, wurde die Formeleinteilung eingeführt. Damit wurden den Herstellern Größe und Gewicht vorgeschrieben. Nach einer Bestimmung von 1902 mußten die Wagen weniger als 1000 Kilogramm wiegen. Nach dieser Formel fand 1906 der erste Grand Prix statt.

△ *Bugatti Typ 35*, 1924. Er hatte einen 8-Zylinder-Reihenmotor. 1926 wurde ein Vorverdichter eingebaut, damit der Wagen noch schneller wurde.

△ Der *Alfa Romeo 158* gewann 1950 drei Grand-Prix-Rennen.

△ Stirling Moss wurde 1957 mit dem *Maserati 250F* berühmt.

△ Der kleine *Lotus-Climax 25* wurde 1963 von Jim Clark gefahren.

△ Mit einem *Lotus 72* wurde Emerson Fittipaldi 1972 Weltmeister.

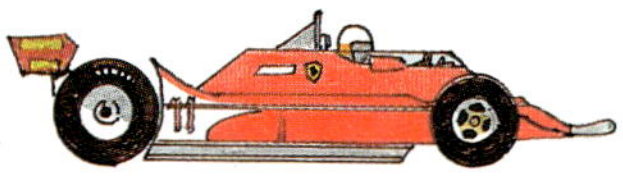

△ Die *Ferraris* von 1975 und 1979 sehen ähnlich aus, doch der neuere hat „Schürzen", die den Wagen auf die Fahrbahn „saugen" und so die Bodenhaftung verbessern.

△ *Lotus* und *Ferrari* stellen sowohl Renn- als auch Straßenwagen her. Die beiden Firmenbegründer Colin Chapman und Enzo Ferrari fuhren als junge Männer selber Rennen.

◁ Ayrton Senna an der Box in seinem *MP4/5B* von 1990. Ein Radwechsel dauert höchstens acht Sekunden.

◁ *Bentley*-Rennwagen gewannen zwischen 1924 und 1930 fünfmal in Le Mans.

▽ Die französische Stadt Le Mans machte Motorsportgeschichte. 1837 experimentierte Amédée Bollée (siehe Seite 24) hier mit seinem Dampfwagen. 1923 wurde das erste 24-Stunden-Rennen gefahren, ein alljährlicher Prestigewettbewerb der weltbesten Sportwagenhersteller.

▽ Die Gerade von Mulsanne auf dem Rundkurs von Le Mans ist die längste und schnellste Gerade der Welt.

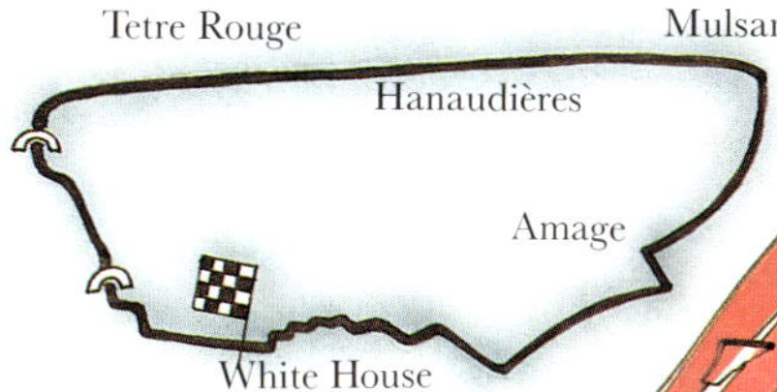

Jaguar Modell D, Sieger in Le Mans 1955.

Ford GT40, viermal Sieger von 1966 bis 1969.

Porsche 917, Gewinner 1970.

Sauber-Mercedes, Sieger 1989.

△ Dieses Aufgebot an Siegern in Le Mans zeigt, wie sich die Wagen von straßentauglichen Sportwagen zu stromlinienförmigen Geschossen entwickelten.

Bis 1933 beherrschten Namen wie *Maserati*, *Alfa Romeo* und *Bugatti* die wichtigsten Rennen. Britische Fabrikate wie *Bentley* und *Sunbeam* gewannen nur gelegentlich. Doch von 1934 bis 1939 waren die deutschen Firmen *Mercedes-Benz* und *Auto Union* führend. Diese Autos fuhren bis zu 320 km/h, genauso schnell wie die modernen Formel-1-Wagen. In den 60er Jahren baute man alle Wagen mit Heckmotoren, die Reifen wurden breiter, und Heckspoiler wurden benutzt, damit die Wagen bei hohen Geschwindigkeiten nicht abhoben. Dadurch konnten sie Kurven sehr schnell durchfahren. Die Rennen werden immer wieder kritisiert, weil sie so gefährlich sind. Viele Dinge, die heute in normalen Autos üblich sind – Scheibenbremsen, Einspritzmotoren und Turbolader – wurden allerdings erstmals bei Rennen ausprobiert.

EISENBAHNEN

△ Die *Gordon Highlander* der Nordschottischen Eisenbahn aus dem Jahre 1900.

▷ Die britische *Mallard* erreichte 1938 eine Spitzengeschwindigkeit von 203 km/h.

Während der ersten Hälfte des 20. Jahrhunderts war die Eisenbahn das wichtigste Transportmittel. In den 30er und 40er Jahren gab es die schnellsten und größten Dampflokomotiven überhaupt. Doch die Vorherrschaft der Dampfkraft wurde bald von anderen, wirkungsvolleren Energieformen gebrochen.

△ Loks wie diese schleppten mit durchschnittlich 160 km/h Züge von London nach Schottland. Schnelle Maschinen hatten die Achsanordnung 2 C1. Antriebsräder mit einem Durchmesser von 2 Metern waren nicht selten.

▽ Die Wärme strömt aus der Feuerbüchse durch die Heizrohre in die Rauchkammer und erhitzt dabei das Wasser.

Dampfmaschinen verursachten zu große Luftverschmutzung. Man brauchte geübte Fahrer und einen Heizer. Außerdem mußten in regelmäßigen Abständen Wasser und Kohle nachgeladen werden. Auf den langen Strecken in Amerika setzten sich Diesellokomotiven durch; sie brauchten nur noch einen Tank voller Treibstoff. Elektrische Loks eigneten sich für vielbefahrene Strecken und an Orten mit billigem Strom. Beide Loktypen produzierten keinen Ruß und sprangen sofort an, wenn ein Schalter umgelegt wurde.

△ Aufriß einer *Pacific*-Lokomotive aus den 50er Jahren.

△ Dieselelektrische Lokomotiven haben keine Schaltgetriebe wie Autos: Der Dieselmotor treibt einen Generator an, der Strom für die Elektromotoren an den Achsen erzeugt.

Scherenstromabnehmer

◁ Eine amerikanische E-Lok von 1934. Der Scherenstromabnehmer kann nach Gebrauch eingeklappt werden.

△ *Big Boy*-Lokomotiven (USA, 40er Jahre) waren die größten, die je gebaut wurden. Sie wogen mehr als 500 Tonnen und konnten 5000 Tonnen schwere Züge die Rocky Mountains hinaufziehen.

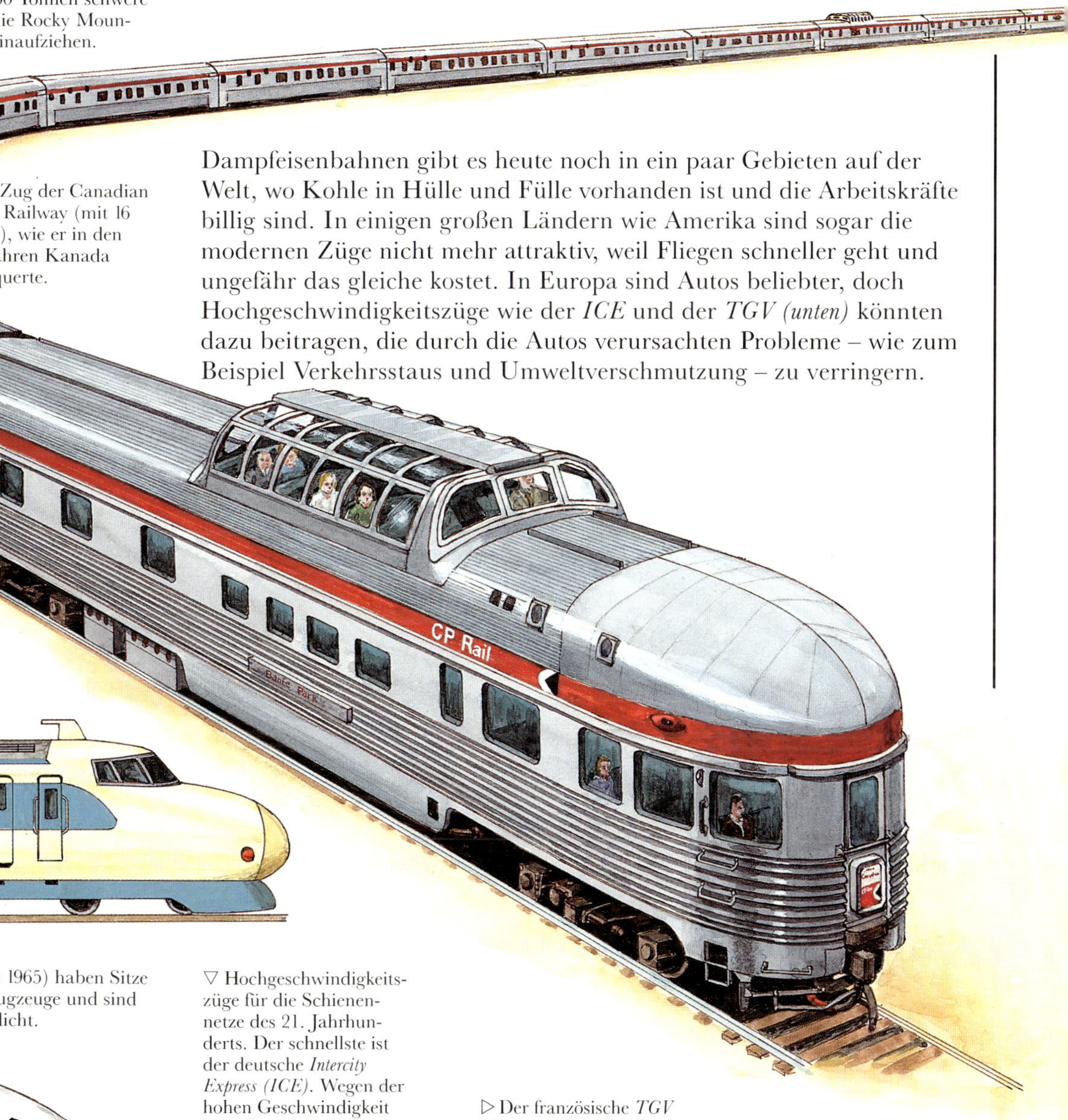

▽ Ein Zug der Canadian Pacific Railway (mit 16 Wagen), wie er in den 50er Jahren Kanada durchquerte.

Dampfeisenbahnen gibt es heute noch in ein paar Gebieten auf der Welt, wo Kohle in Hülle und Fülle vorhanden ist und die Arbeitskräfte billig sind. In einigen großen Ländern wie Amerika sind sogar die modernen Züge nicht mehr attraktiv, weil Fliegen schneller geht und ungefähr das gleiche kostet. In Europa sind Autos beliebter, doch Hochgeschwindigkeitszüge wie der *ICE* und der *TGV (unten)* könnten dazu beitragen, die durch die Autos verursachten Probleme – wie zum Beispiel Verkehrsstaus und Umweltverschmutzung – zu verringern.

▷ Panoramawagen sind auf langen Reisen durch die USA und Kanada auch heute noch sehr beliebt.

△ Die japanischen Hochgeschwindigkeitszüge vom Typ *Bullet* (erstmals gebaut 1965) haben Sitze wie Flugzeuge und sind schalldicht.

▽ Hochgeschwindigkeitszüge für die Schienennetze des 21. Jahrhunderts. Der schnellste ist der deutsche *Intercity Express (ICE)*. Wegen der hohen Geschwindigkeit brauchen diese Superzüge spezielle Trassen mit großen Kurvenradien.

▷ Der französische *TGV* fährt mit einer Durchschnittsgeschwindigkeit von 180 km/h.

Motorräder

Unmittelbar nach 1945 waren Motorräder, einige davon mit Seitenwagen, in Europa ein wichtiges Transportmittel. Doch die meisten waren laute, unzuverlässige Maschinen. Dann wurde Europa von einer Invasion japanischer Motorräder überrascht. Während es in Japan 1945 nicht einmal 2000 Motorräder gab, waren im Vergleich dazu 1938 in Deutschland eine halbe Million gebaut worden. Doch die Firma *Honda* hatte sich die europäischen Motorräder genau angesehen und exportierte 1957 fünf Mopeds nach England. 1969 hatte sie schon fast eine Million Motorräder verkauft. 1960 fuhr die 250-ccm-Zweizylinder-Maschine *Dream* 152 km/h – eine Geschwindigkeit, die nur sehr viel teurere europäische Motorräder erreichten. Andere japanische Motorradhersteller folgten in *Hondas* Fußstapfen. Bald übernahmen sie auch im Rennsport die Führung. Da seit den 70er Jahren fast jeder ein Auto besitzt, gehören die meisten Motorräder heute Liebhabern.

△ *BMW* mit Seitenwagen, wurde im Zweiten Weltkrieg von der Deutschen Wehrmacht verwendet.

▽ Enduro-Maschinen für die beliebten Offroad-Rennen haben Stollenreifen und eine besonders elastische Federung. Diese *BMW* nahm 1985 an der Rallye Paris–Dakar teil.

▽ *Harley Davidson* – eine der wenigen Maschinen, die mit den Japanern konkurrieren können. Trotz ihres altmodischen Designs haben sie gute Fahreigenschaften und sind sehr zuverlässig.

▽ Kenny Roberts und die *Yamaha YZR500* – die beiden wichtigsten Namen der Grand-Prix-Rennen von 1978 bis 1980.

▽ Bei den meisten modernen Motorrädern findet die für Rennen entwickelte Technik Verwendung: Räder und Rahmen aus Leichtmetallegierungen und hochtourige Motoren.

△ ▷ Mit den großen *Harleys* fahren viele: die amerikanische Highway Patrol, die Hell's Angels und die Easy Riders.

Schwerlast-Verkehr

Die Ladekapazität von Lkws zu erhöhen, war den Konstrukteuren schon immer ein vorrangiges Anliegen gewesen. Bei Dampfwagen, die hauptsächlich in England eingesetzt wurden, waren dieser schon von vornherein durch das hohe Eigengewicht der Dampfmaschine, der Kohle und des Wassers enge Grenzen gesetzt. Die Thorneycroft Company in London entwickelte schließlich eine geniale Methode, die dieses Problem löste: Man baute einen vierrädrigen Dampftraktor, der auf einem flachen, zweirädrigen Anhänger 4 Tonnen Ladung ziehen konnte. Dies war der erste Schleppzug. In Amerika dagegen waren benzingetriebene Laster üblicher. Im Ersten Weltkrieg setzten die Alliierten ganze Flotten von Lkws ein. In Europa wurden in den 30er Jahren die sparsameren und robusteren Dieselmotoren immer beliebter. Später wurden sie auch von den Amerikanern übernommen. Heute finden sich in fast allen Lkws Dieselmotoren mit Turbolader.

△ *Foden* stellte von 1900 bis 1931 Dampfwagen her. Dieses Modell wurde 1912 gebaut; die Zuladung, für die allerdings kaum Platz war, durfte bis zu 4 Tonnen wiegen.

▽ *Leyland*-Dreitonner-Lkw, Zweiter Weltkrieg.

▷ Beim Straßen- und Tagebau muß die Ladekapazität möglichst hoch sein, wie bei diesem riesigen *Terex 33-11B*-Riesenmuldenkipper, der für die Bewegung großer Erdmassen verwendet wird.

◁ Die 1902 gegründete Mack Company ist einer der größten amerikanischen Truck-Hersteller.

Eines ihrer Modelle hatte einen 16-Zylinder-V-Motor mit 800 PS Leistung.

▷ *Marmon*-Trucks wurden erstmals 1902 gebaut. Hier ein typischer amerikanischer Ferntransporter. Das Führerhaus ist wegen der Hitzeentwicklung des Motors etwas zurückgesetzt. Dahinter die Schlafkabine des Fahrers.

△ *Cadillac Phaeton*, 1933, (vergleiche Seite 17), Karosserie von Fleetwood, 6-Liter-V12-Motor.

Moderne Pkws

△ Der *Citroën 2CV* („Ente") – ein neues, bald sehr beliebtes Design von 1949; er wurde bis 1989 produziert.

Unter der Karosserie sahen Mitte der 30er Jahre die meisten Autos wie Panhards Konstruktion von 1890 aus: Motor vorn, Schaltgetriebe in der Mitte, Hinterradantrieb. Der Franzose André Citroën führte eine Neuerung ein: Sein berühmter *Light 15* von 1934 hatte Vorderradantrieb. So blieb mehr Raum für Fahrgäste und Gepäck. Professor Ferdinand Porsche entwickelte 1936 den *Volkswagen* mit Hinterradantrieb und einer gleichfalls hinten liegenden Motor-Getriebe-Einheit. Die Karosserien dieser beiden Wagen waren so stabil, daß ein gesondertes Chassis nicht mehr nötig war; Radaufhängung und Motor waren direkt mit der Karosserie verbunden. Geformtes Stahlblech wurde zu einem selbsttragenden Schalenrumpf zusammengeschweißt.

△ *Packard „Super Eight" Cabrio*, 1940, 8-Zylinder-Motor mit 160 PS.

△ Die Buick Motor Car Company aus Michigan wurde 1903 gegründet. Sie gehörte zu den Gründungsmitgliedern von *General Motors*, 1908.

▽ *Morris Minor*, 1949, von Alec Issigonis. Dieser Wagen wurden, mit einigen kleinen Änderungen, bis 1970 hergestellt. 1961 war bereits über eine Million davon vom Band gelaufen.

Nach dem Zweiten Weltkrieg veränderten sich die Autos kaum. Eine Ausnahme war der 1948 gebaute britische *Morris Minor* des Ingenieurs Alec Issigonis. Zehn Jahre später entwickelte er den *Austin Mini*, ein kleines Auto mit der Leistungsfähigkeit eines großen. Sein Erfolg lag in der revolutionären Konstruktion der vorne im Wagen quer zur Fahrtrichtung montierten Motor-Getriebe-Einheit. Heute sind fast alle Autos so gebaut.

△ *Riley RME*, 1,5-Liter-Limousine, 1953. Die Riley Company wurde 1898 gegründet.

△ Die Kühlerfigur von *Rolls Royce*, „The Spirit of Ecstasy", gibt es seit 1911.

▷ Hitler gab 1934 den *Volkswagen* in Auftrag.

▽ Die ungewöhnliche Form führte zu dem Namen *Käfer*. 1949 verkaufte ein amerikanischer *VW*-Händler diese Autos als Kuriositäten und nannte sie „diese häßlichen Kakerlaken". Bis 1990 wurden fast 21 Millionen *Käfer* hergestellt. Kein anderes Auto wurde je in solchen Größenordnungen produziert. Der *VW-Käfer* wird heute nur noch in Mexiko hergestellt.

△ Die Sportwagen von *Porsche* haben ebenfalls den Motor hinter der Hinterachse, und das Getriebe davor.

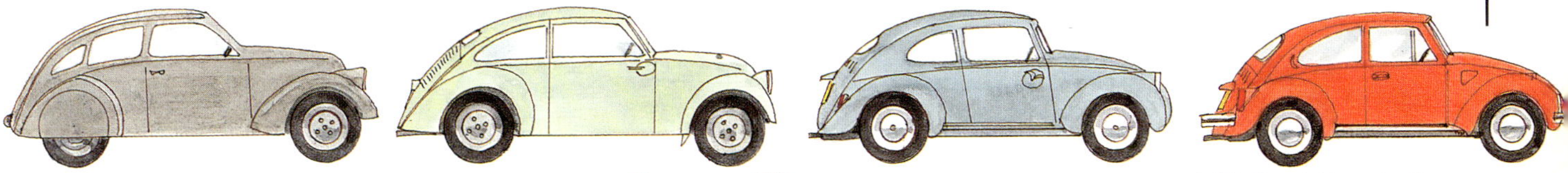

△ Die Entwicklung der Form von 1935 bis 1974.

In den 60er und 70er Jahren konnten sich viele amerikanische und britische Automobilhersteller nicht mehr gegen die starke Konkurrenz der französischen, deutschen, italienischen und japanischen Unternehmen behaupten. Seit der Ölkrise 1973 sind die Autos kleiner und verbrauchsfreundlicher geworden. Auch die Sicherheit wurde zu einem wichtigen Thema. Bremsen, Lenkung und Reifen wurden verbessert, und die Autos boten den Insassen mehr Schutz.

△ Der *Cadillac Eldorado*, 1953, ein typischer amerikanischer Wagen der 50er Jahre, mit großem Motor.

▽ Der zweitürige *Ford Capri* von 1969 war ein sportliches Familien- und Reiseauto.

▽ Ein typischer *Supermini* der 80er Jahre, mit Heckklappe, konstruiert nach dem Original-*Mini*.

◁ Der *Mini* wurde in den 60ern sehr beliebt. Viele Popstars fuhren ihn.

◁ Noch eine Variante des *Mini*, bei der die Vorzüge für den Stadtverkehr mit Turbo-Leistung für die Landstraße kombiniert sind.

PRODUKTION

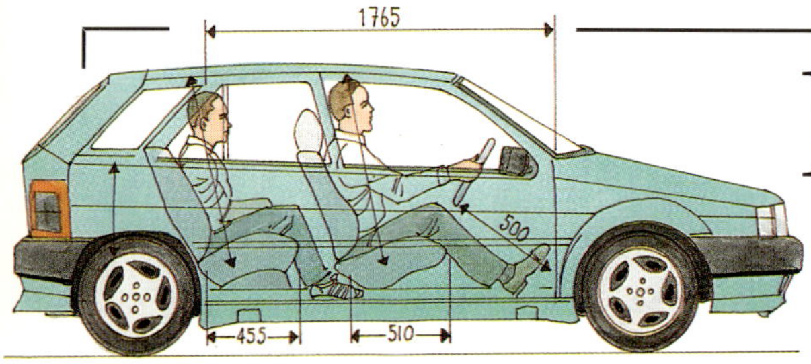

△ Limousinen sind so konstruiert, daß der Innenraum bestmöglich genutzt werden kann.

△ Nur die unverzichtbaren Außenspiegel unterbrechen die sorgfältig entworfene Stromlinienform des Autos.

△ Heckansicht einer Limousine. Selbst der Auspuff ist so angelegt, daß er den Luftstrom nicht beeinträchtigt.

Design, Preis-Leistungs-Verhältnis, Innenraum und Komfort, Sicherheit, niedrige Betriebskosten und Leistung sind die wichtigsten Entscheidungskriterien eines potentiellen Käufers. Jahre bevor ein neuer Wagen in Produktion geht, haben die Marktforschungsexperten des Herstellers bereits die Meinungen einer Reihe von Besitzern ähnlicher Autos anderer Hersteller ausgewertet. So erfahren sie, was die Leute an ihren Autos mögen und was sie bei einem neuen Modell gern hätten. Außerdem werden miteinander konkurrierende Modelle getestet, um die jeweiligen Stärken und Schwächen festzustellen.

Die Auswertungsergebnisse landen dann auf den Schreibtischen der Designer und Ingenieure: Auf dieser Grundlage wird dann ein Tonmodell hergestellt, damit man eine klare Vorstellung davon erhält, wie das neue Auto aussehen wird. In diesem frühen Stadium werden die exakten Angaben über das Äußere des Autos in ein CAD-System (vom englischen ***C**omputer-**A**ided **D**esign* = computerunterstütztes Design) eingegeben, als Datengrundlage für die Arbeit der Ingenieure, die alle Einzelteile herstellen und die Roboter der Fertigungsstraße programmieren müssen.

△ Der Computer macht es möglich, die Auswirkungen von Veränderungen am Design ohne Schwierigkeiten zu berechnen.

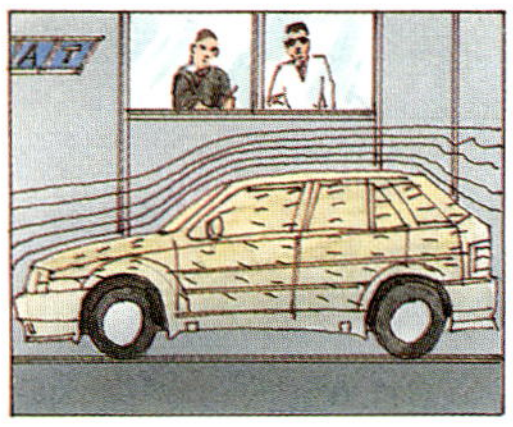

△ Im Windkanal zeigen Fäden am maßstabsgerechten Modell den Luftfluß rund um das Auto an.

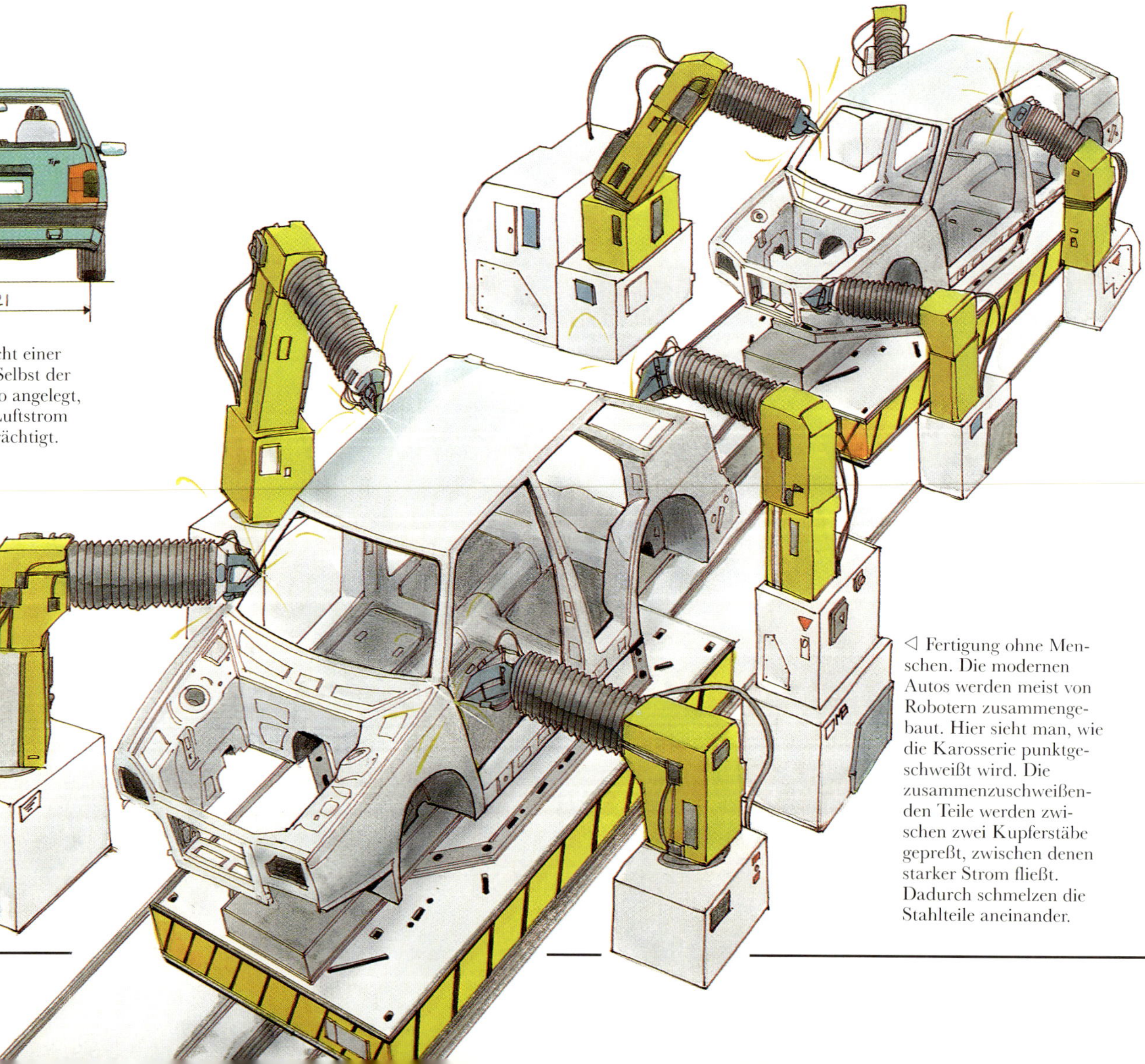

◁ Fertigung ohne Menschen. Die modernen Autos werden meist von Robotern zusammengebaut. Hier sieht man, wie die Karosserie punktgeschweißt wird. Die zusammenzuschweißenden Teile werden zwischen zwei Kupferstäbe gepreßt, zwischen denen starker Strom fließt. Dadurch schmelzen die Stahlteile aneinander.

Das Endprodukt ist eine Mischung aus Design und Technik. Das Auto soll kompakt und leicht sein und gleichzeitig gut aussehen, die Bodengruppe muß preiswert hergestellt werden, und die Einzelteile müssen nach kleineren Unfällen leicht austauschbar sein. Der Luftwiderstand verbraucht Treibstoff, deshalb muß die Karosserie einen geringen Luftwiderstandskoeffizienten (c_w-Wert) aufweisen. Die Forderung nach umweltfreundlicheren Autos bedeutet sparsamen Benzinverbrauch und niedrige Abgaswerte; dadurch werden Geschwindigkeit und Beschleunigung gesenkt. All dies muß der Hersteller gleich beim ersten Mal richtig machen. Die Kosten für die Produktion von einer Million Autos oder mehr lassen keine Fehler zu.

△ Schon im frühesten Entwicklungsstadium werden Skizzen und maßstabsgerechte Modelle hergestellt.

△ Wenn das Grundkonzept vorliegt, wird ein Tonmodell in Originalgröße gebaut. Es wird oft lackiert, damit es wie ein echtes Auto aussieht, so daß bereits in diesem Stadium möglichst genaue Entscheidungen getroffen werden können.

△ Berater und Marketingexperten sehen sich das Modell an, um sicherzustellen, daß es ein Erfolg wird.

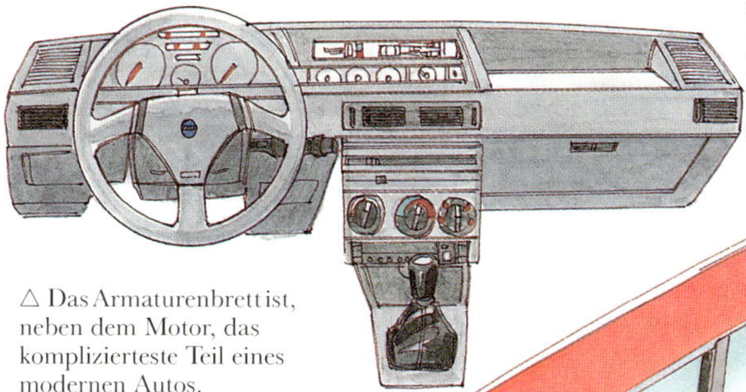

△ Das Armaturenbrett ist, neben dem Motor, das komplizierteste Teil eines modernen Autos.

▷ Die fertige Karosserie wird auf den Aufbau gesetzt, der aus dem Motor-Getriebe-Block und der Vorderradaufhängung besteht. Die Endkontrolle in der Fabrik erfolgt automatisch – der Wagen wird vor der Auslieferung nicht gefahren.

▷ Der 2-Liter-Motor des *Fiat Tipo* mit 16 Ventilen.

DIE ZUKUNFT

Die dichtbevölkerten Teile der Erde sehen großen Verkehrsproblemen entgegen. Straßenfahrzeuge ermöglichen eine hohe persönliche Freizügigkeit und Mobilität, doch verursachen sie auch unannehmbare Staus und Umweltverschmutzung. Die heutigen Richtlinien für Abgaswerte, das bleifreie Benzin und Versuche mit Elektroautos sind nur winzige Ansätze zur Lösung des stetig wachsenden Problems.

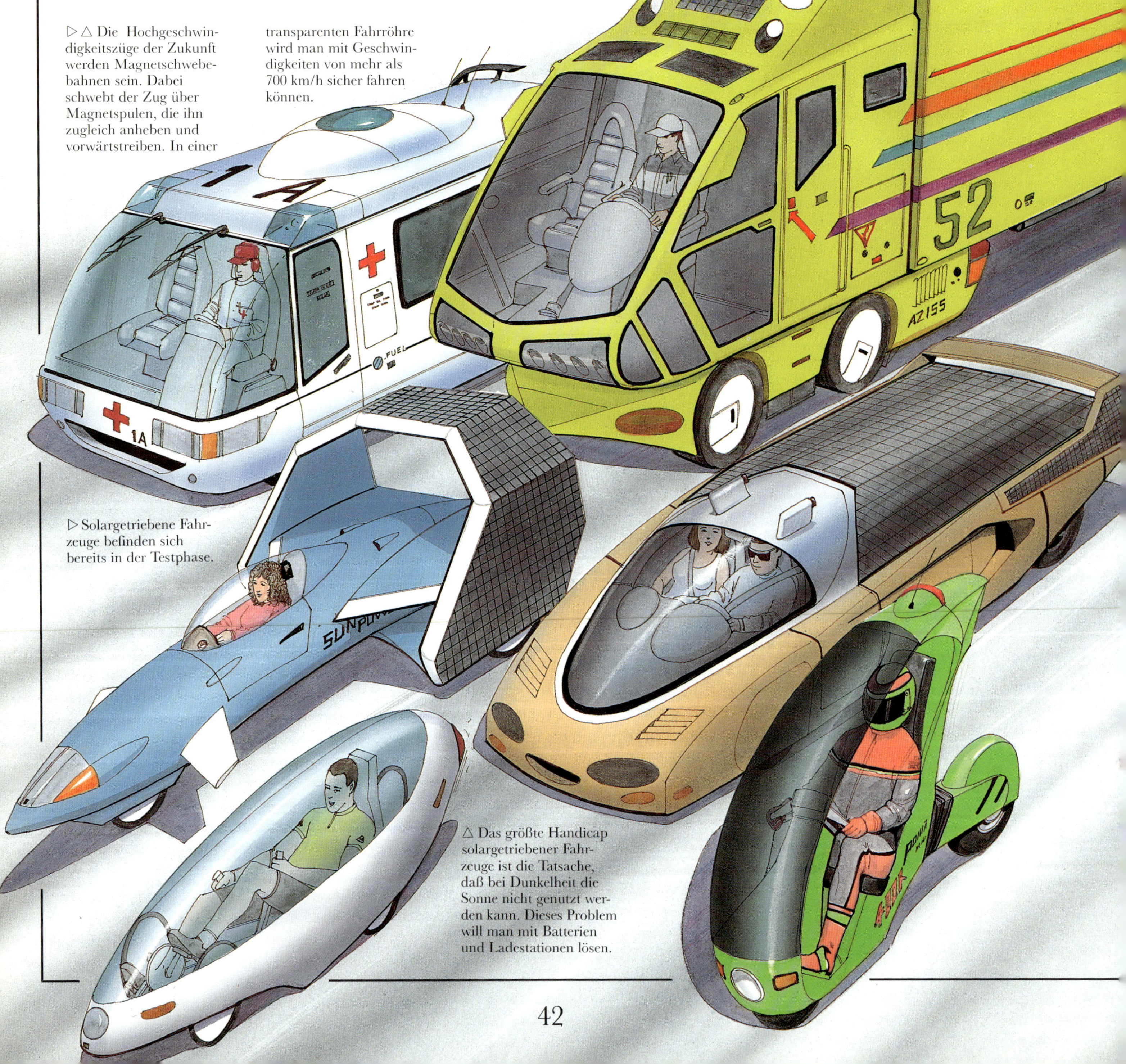

▷△ Die Hochgeschwindigkeitszüge der Zukunft werden Magnetschwebebahnen sein. Dabei schwebt der Zug über Magnetspulen, die ihn zugleich anheben und vorwärtstreiben. In einer transparenten Fahrröhre wird man mit Geschwindigkeiten von mehr als 700 km/h sicher fahren können.

▷ Solargetriebene Fahrzeuge befinden sich bereits in der Testphase.

△ Das größte Handicap solargetriebener Fahrzeuge ist die Tatsache, daß bei Dunkelheit die Sonne nicht genutzt werden kann. Dieses Problem will man mit Batterien und Ladestationen lösen.

△◁ Superlaster mit Steuerungssystem, das verhindert, daß sich der Anhänger querstellt.

◁ Die Verkehrspolizei könnte mit automatischen Videokameras zur Verkehrsüberwachung und Verbindung zu einem Zentralcomputer effektiver arbeiten.

◁ Elektronische Hilfen werden ein wichtiges Element des Reisens im 21. Jahrhundert darstellen. Satelliten-Kommunikationssysteme könnten Gespräche und Daten von einem Fahrzeug zum anderen übertragen und auch Navigationshilfen geben. Staus könnten dann der Vergangenheit angehören.

△ Schon heute übernehmen Roboter viele unangenehme Arbeiten für uns. Für die Rettungsdienste könnte das Leben in Zukunft sehr viel sicherer werden, wenn sie Feuerlöscher mit langen Roboterarmen haben, die über Video- und Infrarotkameras gesteuert werden. Diese Arme könnten auch Rettungskapseln für den Transport von Unfallopfern tragen.

Die Vorteile des motorisierten Straßenverkehrs sind nicht zu leugnen, doch sind die von ihm verursachten Schäden im Vergleich zur Eisenbahn enorm: Lärm, Luftverschmutzung, zu großer Landschaftsverbrauch für den Straßenbau, zu viele Unfälle und übermäßiger Verbrauch der natürlichen Rohstoffe. Wir brauchen erneuerbare Energiequellen. Ein idealer Wagen oder Lkw der Zukunft würde mit Solarzellen laufen. Zumindest auf den Autobahnen könnte die Sicherheit durch computergesteuerte Verkehrsleitsysteme erhöht werden. Dann könnten die Fahrzeuge mit geringeren Abständen und schneller fahren. Abseits der Autobahn könnte der Fahrer dann auf „Handbetrieb" umschalten und per Funk durch Verkehrs- und Navigationsinformationen geleitet werden. Möglicherweise könnte sogar ein Kollisionsvermeidungs-Radar installiert werden. Bei Reisen zwischen Kontinenten oder in großen Ländern wie den USA kann die Eisenbahn zwar nicht mit dem Flugzeug konkurrieren, doch in Gebieten wie Europa wird sie zunehmend wichtiger werden. Elektrische Energieversorgung wird bei Zügen üblich werden. Da die globale Erwärmung in der Folge des Treibhauseffektes voranschreitet, ist es zwingend geboten, den Verbrauch fossiler Brennstoffe zu reduzieren; deshalb wird die elektrische Energie immer häufiger aus erneuerbaren Quellen stammen.

△ Nach 5500 Jahren wird das Rad neu erfunden. Die Räder der Zukunft werden direkt an der Felge gelagert, wobei das innere (statische) Teil des Lagers am Fahrzeug befestigt ist. Dadurch entfällt das schwächste Bauteil des bisher üblichen Rades – nämlich die Nabe.

ZEITTAFEL

Sumerische Streitwagen

v. Chr.
um 3500 In Sumer werden beim Töpfern zum ersten Mal Räder benutzt; etwa zur gleichen Zeit werden sie auch an Karren und Wagen verwendet.
um 2000 In Kreta benutzt man vierrädrige Wagen.
um 1600 Die Hyksos bringen die Kunde von zweirädrigen Wagen nach Ägypten.
um 1300 Die Ägypter werfen mit verbesserten

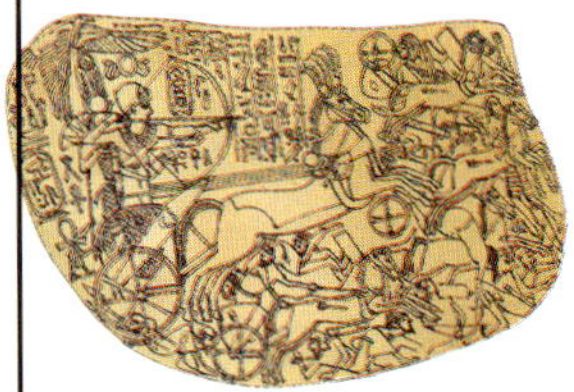

Verzierungen an einem ägyptischen Streitwagen

Streitwagen die Hethiter zurück.
um 1000 In Griechenland gibt es die ersten Streitwagen.
1000–200 In China entsteht ein Straßen- und Kanalnetz.

Kriegselefanten

312 Die Via Appia, die berühmteste Straße des Römischen Reiches, wird gebaut.
130 In Griechenland baut Hero eine Maschine, die von Dampf angetrieben wird.
um 130 Das römische Straßennetz erstreckt sich über Europa und den Nahen Osten.

n. Chr.
um 850 In Europa werden gepolsterte Kumte eingeführt; damit können die Pferde viel mehr ziehen.
um 1400 Die Wagenkasten der Kutschen werden an Lederriemen aufgehängt;

Terrakotta-Statue eines Streitwagenlenkers aus dem Grab von Kaiser Shi Huang-Ti

das Reisen wird so komfortabler.
um 1500 Leonardo da Vinci erfindet einen Entfernungsmesser (Hodometer).
um 1550 Die ersten Holzschienen werden für Bergbau- und Steinbruchfahrzeuge verwendet. Fensterlose und ungefederte Packwagen werden in England für den öffentlichen Personentransport eingesetzt.
1598 Durch die spanischen Siedler in New Mexico lernen die Indianer Pferde kennen.
um 1650 In Frankreich werden die besten Kutschen gebaut.
1700 Kutschen erhalten Fensterscheiben aus Flachglas.
1711 Thomas Newcomen

Französische Leichenkutsche

baut die erste Dampfmaschine, die wirtschaftlich arbeitet.
1769 Joseph Cugnot baut in Frankreich einen Dampfwagen zum Ziehen von Kanonen.
1780–1781 James Watt baut eine Dampfmaschine mit Rotationsbewegung – ein wichtiger Schritt in der Entwicklung dampfgetriebener Fahrzeuge.
1784 Erster Postkutschendienst in England zwischen London und Bath.
1786 Der Ingenieur William Murdoch baut das Modell eines dampfgetriebenen dreirädrigen Transportwagens.
1787 John Collinge erfindet die selbstschmierende Achse für Kutschen.
1794 Erfindung des Kugellagers.
um 1800 Verschiedene Erfinder experimentieren mit „Explosionsmotoren“ – den Vorläufern des Verbrennungsmotors.

Dampflokomotive

1803 Richard Trevithick baut die erste funktionsfähige Dampfmaschine.
1805 Obadiah Elliot erfindet die Blattfeder, die den Komfort in Kutschen erhöht.
1817 Karl Friedrich Drais erfindet das lenkbare Laufrad (*Draisine*), der Vorläufer des Fahrrads.
1825 In England fährt zwischen Stockton und Darlington der erste Personenzug. In Paris verkehren die ersten Omnibusse.
1829 George Shillibeers Omnibusse fahren in London.
6. Oktober 1829 Die von George Stephenson gebaute *Rocket* gewinnt als beste Dampflokomotive die Wettfahrt in Rainhill.
1830 Erstmals wird Post per Eisenbahn befördert (Manchester–Liverpool).
1831 In den USA werden für die Verbindungen Baltimore–Ohio und Mohawk–Hudson Dampfmaschinen eingesetzt. G. Gurney beginnt im Westen Englands seinen Dampfwagenbetrieb.
1832 Der erste pferdegezogene Straßenbahndienst nimmt in Harlem, New York, den Betrieb auf.
1834 In New Orleans wird eine pferdegezogene Straßenbahn eröffnet.
7. Dezember 1835 Zwischen Nürnberg und Fürth fährt die erste deutsche Dampfeisenbahn. Ihre Lok, die berühmte *Adler*, hat Robert Stephenson gebaut.
1837 In England wird der Einsatz von Hunden zum Wagenziehen verboten.
1839 Die *Brougham*-Kutsche wird gebaut und setzt neue Maßstäbe. Der schottische Schmied Kirkpatrick MacMillan erfindet eine Laufmaschine mit Pedalen.

Pony-Expreß

um 1840 Nordamerikanische Pioniere ziehen in Planwagen nach Westen.
1841 Sir Charles Wheatstone baut einen Linearmotor, ähnlich denen, die später auch für Magnetschwebebahnen verwendet werden.
1842 Königin Victoria fährt zum ersten Mal mit der Eisenbahn.
1844 Wells Fargo nimmt den Expreßpostkutschendienst im Westen der USA auf.
1845 John McAdams Straßenbautechnik wird durch das Beimengen von Teer verbessert, der den Schotter der Deckschicht zusammenhält.
1860 Der statische Gasmotor wird in Frankreich perfektioniert. In den USA wird der Pony-Expreß-Postdienst eröffnet.

Englisches Laufrad

1861 Der Pony-Expreß bekommt in Form des elektrischen Telegraphen starke Konkurrenz.
1863 Die Metropolitan Railway in London ist die erste U-Bahn der Welt.
1869 In den USA wird die erste Eisenbahnverbindung von Küste zu Küste eröffnet. Die Beliebtheit der Bahn führt zum allmählichen Verschwinden der Kutsche als Transportmittel. In Frankreich bauen die Brüder Michaux das erste brauchbare dampfgetriebene Zweirad. Es fährt bis zu 16 km/h. Doch der Kessel unter dem Sitz beunruhigt die Benutzer.
1876 Nikolaus August Otto baut den Ottomotor, den Vorläufer der Motoren in modernen Autos.
1881 Werner von Siemens entwickelt das Oberleitungssystem für die

Britische AJS, 1926

Energieversorgung von Straßenbahnen und elektrischen Zügen.
1885 Das Sicherheits-Fahrrad von *Rover* wird eingeführt und verdrängt das Hochrad. Das erste Fahrzeug mit Benzinmotor wird gebaut – Gottlieb Daimlers *Petroleum-Wagen*. Es erreicht bis zu 12 km/h, ist jedoch sehr schwer zu fahren. Das mit Benzin betriebene Dreirad von Carl Benz hat einen Einzylinder-Zweitaktmotor.
1886 G. Daimler baut ein vierrädriges, benzingetriebenes Fahrzeug.

Metropolitan Railway, 1863

1888 John Boyd Dunlop erfindet den Luftreifen, der zunächst am Fahrrad verwendet wird.
1890 Die erste richtige „Untergrund"bahn (in einem tiefen Tunnel) verbindet London mit seinen Vorstädten im Süden.
1895 Erstes Autorennen Paris – Bordeaux: Der Sieger braucht 48 Stunden.
1896 In England wird die Höchstgeschwindigkeit für motorisierte Fahrzeuge von Schrittgeschwindigkeit auf 19 km/h heraufgesetzt.
1896 Henry Ford baut in Detroit, USA, sein erstes Auto, und markiert damit den Beginn einer tiefgreifenden Umwälzung des gesamten Transportwesens.
1900 Die Pariser Metro wird eröffnet. Erstmals wird der Name *Mercedes* für die von G. Daimler hergestellten Wagen benutzt: Ein reicher Franzose hat 30 Stück bestellt und verlangt, daß die Autos nach seiner Tochter benannt werden.
1902 Frederick Lanchester erfindet die Scheibenbremse, die ähnlich wie die Felgenbremse eines Fahrrads funktioniert.
1904 Die New Yorker Subway wird eröffnet.
1905 *Rolls Royce* wird eingeführt. Das erste Modell der Firma heißt *Silver Ghost*, weil es so ruhig läuft und eine Karosserie aus glänzendem Aluminium hat.
1908 Henry Ford stellt sein *Model T*, ein leicht zu fahrendes Auto, vor und arbeitet an der Entwicklung der Fließbandproduktion.

Rolls Royce, 1905

1913 Die Benzinherstellung erfährt einen gewaltigen Schub durch William M. Burtons Erfindung des Krackens, mit der aus Rohöl Benzin raffiniert werden kann.
1923 In Le Mans wird das erste 24-Stunden-Rennen veranstaltet. Es findet auf öffentlichen Straßen statt, und viele Zuschauer werden verletzt.
1927 Die Produktion des *Ford Model T* wird eingestellt. Mehr als 15 Millionen Stück dieses sehr populären Fahrzeugs sind vom Fließband gelaufen.
1934 André Citroën führt mit seinem *Light 15* das erste Auto mit Vorderradantrieb ein.
1936 Auf Anweisung der Nazis wird der erste *Volkswagen* von Professor Ferdinand Porsche konstruiert und gebaut. Eine revolutionäre technische Neuerung ist sein hintenliegender Motor. Wegen seiner Form wird das Auto *Käfer* genannt. Bis 1990 wird sein Design nur wenig verändert.
1938 Die britische Dampflokomotive *Mallard* zieht einen Zug mit 7 Waggons und erreicht die Rekordgeschwindigkeit von 203 km/h.
1941 Die amerikanischen *Big Boy*-Dampflokomotiven werden eingeführt. Mit einem Gewicht von mehr als 500 Tonnen sind sie die schwersten Dampfloks, die je gebaut werden.
1948 Alec Issigonis baut den *Morris Minor*.
1958 A. Issigonis' *Mini* ist das erste Auto mit quer zur Fahrtrichtung liegendem Frontmotor und Getriebe.
1960 Die letzte britische Dampflokomotive wird gebaut.
1962 Das *Moulton*-Fahrrad hat einen Rahmen, der für jeden paßt und schwere Lasten tragen kann.

Gordon Highlander, 1900

1964 Donald Campbell erreicht im *Bluebird* 648 km/h – ein Weltrekord für Autos mit angetriebenen Rädern (im Gegensatz zu düsengetriebenen Fahrzeugen).
1965 Der amerikanische Rechtsanwalt Ralph Nader veröffentlicht ein Buch mit dem Titel „Unsicher bei jeder Geschwindigkeit", das die Automobilhersteller zum Nachdenken über größere Sicherheit anregt.
1969 Die letzte von einer Dampflokomotive gezogene Eisenbahn läuft in England.
1971 Die Firma Krauss-Maffei präsentiert mit dem Versuchsfahrzeug *Transrapid 2* die erste funktionsfähige Magnetschwebebahn.
1975 Lella Lombardi ist die erste Frau, die an einem Formel-1-Grand-Prix teilnimmt.

VW-Käfer

Terex-33-11B-Riesenmuldenkipper

1976 In Großbritannien verkehren fahrplanmäßig Hochgeschwindigkeitszüge mit 195 km/h.
1981 Der französische *TGV (Train à Grande Vitesse)* wird in Betrieb genommen.
1983 Richard Noble erreicht in seinem Düsenauto *Trust II* die Rekordgeschwindigkeit von 1019 km/h.
1984 Der Flugplatz Birmingham wird über eine 600 Meter lange Magnetschwebebahn mit dem Hauptbahnhof verbunden.
1987 Eine japanische Magnetschwebebahn erreicht 400 km/h.
1988 Der *GM Sunraycer*, ein solargetriebenes Auto, erreicht 78 km/h.
1990 Der einundzwanzigmillionste *Käfer* wird produziert. Ein französischer *TGV*-Zug erreicht 515 km/h.
1991 Der *ICE* nimmt den fahrplanmäßigen Betrieb auf.
31. Mai 1992 In Nordbayern fährt der *Pendolino*. Dieser Zug besitzt eine computergesteuerte Hydraulik, die es ihm ermöglicht, sich „in die Kurve zu legen" und so auch enge Gleisbogen mit bis zu 160 km/h zu durchfahren.

Elektro-Stadtmotorrad

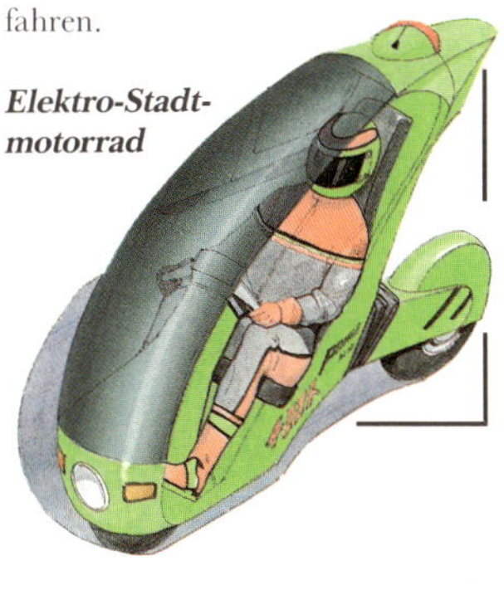

Glossar

Achse Stange oder Zapfen, um die sich ein Rad dreht; sonst (vor allem bei älteren Fahrzeugen oder Zugwaggons) eine Stange oder Welle, die zwei Räder miteinander verbindet.

Blattfeder Gebogener elastischer Stahlstreifen (oder ein ganzes Bündel aus solchen Streifen), der an beiden Enden gelagert ist und in der Mitte die Achse abfängt.

Carpentum Römischer zweirädriger Reisewagen, der von den Reichen benutzt wurde.

Chassis Fahrgestell oder Rahmen eines Fahrzeugs, an dem Motor, Getriebe und Radaufhängung befestigt sind.

Cisium Leichter, zweirädriger römischer Wagen, der zwei Personen tragen konnte.

Conestoga Vierrädriger, in den USA benutzter Planwagen.

Dieselmotor Ein Typ des Verbrennungsmotors. Bei ihm wird der Treibstoff nicht wie bei Benzinmotoren durch eine Zündkerze zur Explosion gebracht: Im Zylinder wird die Luft durch den Kolben so hoch verdichtet und damit erhitzt, daß sich der eingespritzte Diesel von selbst entzündet.

Druckluftbremse Wird vor allem bei schweren Lkws verwendet. Druckluft, die von einem Kompressor erzeugt und in einem Druckbehälter gespeichert wird, übernimmt bei diesem System die Funktion der Bremsflüssigkeit: Bei Betätigung der Bremse wird ein Ventil geöffnet, die Druckluft strömt in die Bremse und bewirkt den Bremsvorgang.

Einspritzer Verbrennungsmotor, bei dem das zündfähige Kraftstoff-Luft-Gemisch nicht durch einen Vergaser, sondern durch Zerstäuben über Einspritzdüsen erzeugt wird. Bei Dieselmotoren wird der Kraftstoff mit hohem Druck direkt in den Verbrennungsraum, bei Benzinmotoren in das Luftansaugrohr vor den Einlaßventilen geleitet.

Felge Der Teil eines Fahrzeugrades, der die Bereifung trägt.

Fossile Brennstoffe Brennstoffe wie Kohle, Öl oder Gas, die aus im Boden verwesten Tieren oder Pflanzen entstanden sind. Ihr Vorrat ist begrenzt, so daß die Entwicklung alternativer Energieträger in Zukunft immer dringlicher werden wird.

Getriebe Vorrichtung, mit der sich die Drehgeschwindigkeit der Räder im Verhältnis zu der des Motors manuell oder automatisch verändern läßt, und die es so ermöglicht, Geschwindigkeit und Beschleunigung eines Fahrzeuges zu steuern.

Groma Römisches Feldmeßgerät, das aus einem drehbaren Kreuz besteht, das über einen Stützarm an einer in der Erde steckenden Holzstange befestigt wird.

Heckspoiler Bei einem leistungsstarken Fahrzeug eine Art Flügel am hinteren Ende des Fahrzeugs, der bei hoher Geschwindigkeit Druck nach unten erzeugt, so daß das Fahrzeug eine bessere Straßenlage erzielt und Kurven schneller durchfahren kann.

Karosserie Der Aufbau des Kraftwagens, der bei älteren Wagen vom Fahrgestell getragen wird, und bei modernen Wagen selbsttragend ist (→ Selbsttragender Schalenrumpf).

Kettenschaltung Ein Gangschaltungs-Mechanismus am Fahrrad, mit dem die Kette von einem Zahn- oder Kettenrad auf das nächstgrößere oder nächstkleinere bewegt und so das Übersetzungsverhältnis Pedalumdrehung-Hinterradumdrehung gesteuert werden kann.

Kohlenstoff-Faser Sehr dünne Faser aus reinem Kohlenstoff, mit deren Hilfe Kunststoffteile verstärkt werden, um sie fester und gleichzeitig leichter als Metallteile zu machen.

Lager Ein Bauteil, das die weitgehend reibungsfreie Drehung zwischen der Radnabe und der Achse oder zwischen der Achse und ihrem Verbindungsteil zum Fahrzeug ermöglicht. Bei modernen Fahrzeugen werden meist Kugel- oder Rollenlager verwendet.

Leichtmetallrad Ein leichtes Rad, meist aus Metallen wie Aluminium, die mit anderen Materialien vermischt (legiert) sind, damit sie fester werden.

Limousine Ein allseitig geschlossener Personenkraftwagen.

Luftreifen Ein hohler Reifen, in den komprimierte Luft gefüllt wird. Heute die übliche Reifenart.

Magnetschwebebahn Eisenbahntyp, bei dem die Züge über Elektromagneten schweben, von denen sie zugleich angehoben und vorwärtsgetrieben werden.

Maut Gebühr, die Straßenbenutzer für die Finanzierung und Instandhaltung von Straßen und Brücken zahlen müssen.

Nabe Teil des Rades, das die Verbindung mit der Achse oder Welle herstellt.

Patent Gerichtliches Dokument, das einer Erfindung Schutz vor Gebrauch durch andere Personen gibt und dem Erfinder die alleinige wirtschaftliche Nutzung sichert.

Pedal Mit dem Fuß zu betätigender Hebel oder Kurbel zum Auslösen oder Übertragen einer Bewegung, wie zum Beispiel beim Fahrrad.

Pedometer Gerät, mit dem Fußgänger die Entfernung, die sie zurücklegen, messen können.

Posthorn Eine kleine, runde Trompete aus Messing oder Silber, mit denen die Postkutscher ihre Ankunft ankündigten.

Sänfte Ein von Menschen oder Tieren getragenes Gestell zur Personenbeförderung. Sie war vor allem in der Antike bei den Babyloniern, Ägyptern, Römern und Chinesen sehr beliebt.

Scheibenbremse Bremse, bei der die Bremsbacken von der Seite her gegen eine Bremsscheibe gedrückt werden, die mit dem Rad verbunden ist.

Selbsttragender Schalenrumpf Ein fester, hohler Körper, der so stabil ist, daß er Motor, Getriebe und Aufhängung ohne gesondertes Fahrgestell halten kann.

Solarzelle Ein elektronisches Bauteil, das die Strahlungsenergie der Sonne direkt in elektrische Energie umwandeln kann. Zur Energiegewinnung werden mehrere tausend Solarzellen zu einer Solarbatterie zusammengeschlossen. Die Solarzelle wurde zuerst für die Raumfahrt entwickelt, wird aber heute auch in Versuchsfahrzeugen erprobt. Der Nachteil der Solarzelle ist ihre Abhängigkeit vom Sonnenlicht.

Spurkranz Bei Rädern von Schienenfahrzeugen: Ein im rechten Winkel zum Radumfang angebrachter Flansch, der verhindert, daß das Rad von der Schiene abrutscht.

Stromabnehmer Vorrichtung auf einem elektrischen Zug oder einer E-Lok. Er gleitet an der Oberleitung entlang und sorgt für die Zuführung von Strom zum Fahrzeug; wenn er nicht gebraucht wird, kann er zusammengeklappt werden.

Turbolader Er arbeitet ähnlich wie ein Vorverdichter, doch wird hier die Kompressionspumpe von einer Turbine angetrieben, die die Abgase des Motors nutzt; Turbolader steigern Leistung und Wirtschaftlichkeit.

Veloziped Veraltetes Wort für „Fahrrad".

Verbrennungsmotor Motorentyp, bei dem der Treibstoff im Zylinder verbrennt (im Gegensatz zur Dampfmaschine, wo er in der Feuerbüchse verbrennt).

Vorverdichter Eine motorgetriebene Pumpe, die Luft und Treibstoff in einen Motor preßt und seine Leistung beträchtlich steigert.

Zylinder Der Teil des Motors, in dem Dampf oder ein explodierendes Gasgemisch (beim Verbrennungsmotor) einen Kolben nach unten treibt, der seinerseits über die Kurbelwelle und das Getriebe die Räder antreibt.